因爱之名　静待花开

——一位中学教师二十年的教学之路

姜连荣　著

北　京

冶 金 工 业 出 版 社

2020

内 容 提 要

　　本书是作者二十年教育教学路上留下的工作和教学痕迹、感悟及心理路程。本书收录了作者和孩子们一起成长的平凡故事、感悟感言、组织的活动及教育教学的心得，更多的是真实的体验、思考和收获，谨以此书纪念难忘的教育教学生活！

　　本书可供从事中学教育工作的教师参考。

图书在版编目（CIP）数据

　　因爱之名　静待花开：一位中学教师二十年的教学之路／姜连荣著 .
—北京：冶金工业出版社，2020.8
　　ISBN 978-7-5024-8165-0

　　Ⅰ . ①因…　Ⅱ . ①姜…　Ⅲ . ①中学教育—文集　Ⅳ . ① G63-53

中国版本图书馆 CIP 数据核字（2020）第 218114 号

出　版　人　苏长永
地　　　址　北京市东城区嵩祝院北巷 39 号　　邮编　100009　电话　(010) 64027926
网　　　址　www.cnmip.com.cn　电子信箱　yjcbs@cnmip.com.cn
责任编辑　李培禄　美术编辑　吕欣童　版式设计　吕欣童　孙跃红
责任校对　卿文春　责任印制　李玉山
ISBN 978-7-5024-8165-0
冶金工业出版社出版发行；各地新华书店经销；三河市双峰印刷装订有限公司印刷
2020 年 8 月第 1 版，2020 年 8 月第 1 次印刷
169mm×239mm；12 印张；210 千字；187 页
59.00 元

冶金工业出版社　投稿电话　(010) 64027932　投稿信箱　tougao@cnmip.com.cn
冶金工业出版社营销中心　电话　(010) 64044283　传真　(010) 64027893
冶金工业出版社天猫旗舰店　yjgycbs.tmall.com
　　　　　　（本书如有印装质量问题，本社营销中心负责退换）

目 录

自　序

　　教育与人生的关系，大致有下列三点：
　　　　一、以教育认识自己；
　　　　二、以教育革新自己；
　　　　三、以教育成就自己。

——教育家　叶圣陶

　　教育不是站在高地指点孩子成长，而是俯下身子为孩子的需要培土施肥，耐心地浸润，让每个孩子最大化地成为他自己，做最好的自己！点燃、激励、唤醒，用心去爱每一个孩子，与孩子们一起成长，互为背景，交相辉映，彼此成就！老师的每一次成长，都有孩子们的助力。其实老师的一生都在做一件事——育己，而育人也是育己的一个形式、一个途径、一个载体。

引 子

　　明代思想家王阳明在《传习录》中说道：立志用功，如种树然。方其根芽，犹未有干；及其有干，尚未有枝，枝而后叶，叶而后花、实。初种根时，只管栽培灌溉，勿作枝想，勿作叶想，勿作花想，勿作实想。悬想何益？但不忘栽培之功，怕没有枝叶花实？

　　立志用功，就像种树一样。刚开始只有根和芽，还没有树干，等它长出树干时，还没有长出树枝。树先长枝，后长叶；先长叶，然后才有花和果实。起初种下树根时，只管栽培浇灌。不可去想它的枝干、叶子、花和果实什么时候才长出来。空想有什么益处呢？只要不忘记栽培时所用的功，那还怕树长不出枝干、叶子、花和果实吗？如果急功近利，想得多、做得少，无任何意义；而循序渐进，即能水到渠成。只做耕耘，不问收获。但行好事，莫问前程，心之所向，无问西东。静待枝繁叶茂，一树花开。

我和我的学生

美好思琪

思琪，漂亮，清爽，最令人赏心悦目的是那一双弯弯的眼睛，真是巧笑倩兮，美目盼兮。

每次朗诵，她总是那个领诵的"头儿"。她的声音，她的表情，她的动作，总是那么深情，激情而又清纯自然。记得入学后不久就要举行"教师节朗诵"比赛，咱十一班准备的妥妥的。不管是领诵的人，还是整体，老师们都给予了最高的期盼。可是临上场前候场时，我却突然发现，我们四个领诵，学校只安排了两个站筒。如果按原计划四名同学按队形站好后领诵，必然有两名同学只能发自己的本音，不但起不到添彩的作用，反而使班级逊色。心一横，临阵变化。两个领诵两两搭配、轮着领诵，虽然临阵变化这是一大忌，但变化才有生机，才有一丝胜算。不变化，自己和班里的同学都对自己的表现不满意。做令自己满意的自己！我们的班级口号便是："十一十一，我是唯一，十一十一，勇争第一。"利用候场时的几分钟，我们又练习了几遍，便匆匆上场啦。当思琪用洪亮，清晰而又饱含深情的声音发出对教师的那一声声赞美时，当几个领诵都临阵无畏、激情绽放时，同学们更是配合着掀起了一个又一个的高潮……掌声雷动，我们十一班的第一项集体活动成功了！

记得思琪和同学们上高中后回校看望我时，临走，她和同学们对我说，"老师我们跟您鞠个躬吧。您一定要快快乐乐的，不要和学生真生气。"说完都深深地鞠了一躬，我瞬间感动到了。我曾经用心用爱付出的三年，和大家一起奋斗、一起起伏的三年！也曾懊恼、生气，也曾欢笑过的三年时光，因为有懂我的你们，一切都值了。

今天我的2014级学生要参加高考了，看到思琪妈妈朋友圈里对女儿的祝愿，我也充满了期待和深情。

乾坤未定，你我皆是黑马。仰天大笑高考去，不负韶华，不负众望！

风华文浩

"恰同学少年，风华正茂，书生意气，挥斥方遒"，少年的肩，应该担当起草长莺飞和清风明月；"星光不问赶路人，时光不负有心人"，少年的心，应当跨过星辰日月和大好山河。在追逐梦想的路上，不忘初心，感恩相遇，披荆斩棘，迎接更好的自己，这才是真正的追风少年。

他，文浩，是一个身材瘦高的八尺男儿，干练清爽的黑色短发，充斥着阳刚之气，黄褐色的脸庞上有着一对自然眉，眉毛下方卧着一对丹凤眼，位居脸庞正中央的鼻子，鼻梁高，鼻翼开阔，给人一种精力充沛的感觉。

对于数学来说，他有着莫大的兴趣，在日常生活中总是用理性的观念来客观地认知事物，是个心思细腻、思维缜密、逻辑能力很强、有着较高创造力的大男孩儿。在家中，各种奇形怪状的魔方是他的好朋友，在他的手中魔方仿佛有了灵魂，上下翻飞几下便能复原，他有着毫不气馁的毅力，经常一个人在房间里研究它们到很晚，直到攻克了它们才肯罢休。除此之外，绘画也是他的一大爱好，他喜欢在绘画时，研究物体构造的感觉，通过自己的画笔将物体完美地呈现在纸张上是他最大的乐趣。在班级中，他饶有风趣，和大部分同学都能聊得来，课下经常能够看到口齿伶俐的他和同学侃侃而谈，没有同学的时候，他就喜欢一个人独处，静静地思考问题。同时，他也是一个非常努力的男孩儿，老师们也十分地钟爱他。当时作为插班生转来的他，许多课时都没有学习，我对他十分担心，经常询问他的状况，还专门给他补课，他十分感动，自己也很努力，碎片时间常常看到他学习的身影，不久他的成绩就追了上来，他自己很高兴，老师们也很欣慰，在之后的一年中，在老师们的教导下他的成绩开始逐步前进，最后也成功地成为了我们班第一批光荣加入中国共青团的团员。

文浩自身的声音有着得天独厚的优势，深沉浑厚而又富有磁性，老师和同学们都夸赞他的声音动听，是个当播音员的料子，我也想带给文浩更大的舞台，之后在我的推举下，他成为了学生代表参加了学校"大爱无言演讲活动"的大会发言，大会结束之后老师们一下子知道了原来学校里有个声音动听的男孩儿，越来越多的老师、同学开始认识了他，他变得越来越自信了。他认为自己是个幸运的人，有人给他关怀，有人给他帮助，有人送他温暖，有人给他机会，他心里十分感恩这些人。

"东风渐急夕阳斜，一树夭桃数日花"，浑圆的落日渐落地平线，天空中的火烧云渐渐回归了洁白。不忘初心，方得始终，清风吹拂过他的脸庞，眼神一亮，又出发了，不惑于方向，不惮于行动，追逐着清风，追逐着落日，追逐着梦想……

大智若愚的墨涵

她，墨涵，一头马尾，中等身高，看起来很普通，就是吨位大了点。

犹记，初次对她有印象时，正值军训，一排排整齐的方队，每个人的衣襟都被汗水浸湿，从他们的表情看出每个人都正严阵以待，可是在报数时，到她那里，愣是很久都未反应过来，她迷茫的眼神中透露着不知所措，停顿片刻，她的嘴角微动，发出了声音，可是这声音太小了，和前面的同学相比那可真是大相径庭。表演完后，我去找她谈了谈，询问情况。看着她内疚的样子，心想她肯定记住这次教训了，不会在关键时刻掉链子了吧。不出所料，之后的表演，她都没有再犯同之前那版错误了。

日子从手中碾过，只留下岁月的痕迹，转眼秋去冬来，雪花伴着寒风为大地披上了银色的面纱，阳光透过云间缝隙发出微弱的光芒，恍然间世界变得安静。在这个冬天，她第一次蜕变，她的语文并不好，甚至成为自己腿上的枷锁，这让她很苦恼，不过她并没有放弃，俗话说的好"宝剑锋从磨砺出，梅花香自苦寒来"。在放假期间，她每天都坚持一篇课外阅读，半个多小时的时间对于她而言很漫长。阅读，答题，改错，每一个步骤她都全神贯注地完成，可是当完成后，看着钟表上的分针转了大半圈后，又觉得时间转瞬即逝，但无论如何，这种满足感像酒罐子的香味一样，让她流连忘返。不仅如此，她还专注于练字，半个小时，手不离笔，墨水肆意在纸上舞动，每一个舞姿都更加绚丽夺目。果然功夫不负有心人，炎炎烈日下，她的语文突飞猛进，开学后，在寒冬里，她第一次品尝到努力换来的成果。寒风吹打着她的脸颊，带来阵阵寒意，越发温暖了她的心……

她很乐观但也很要强。记得，烈日下窗边的我和她，那时她测试的成绩不理想，"光荣"地成为组长中的后两名，找她谈话时，她的脸上飞起了笑意，像柔和的阳光在酷暑中荡漾，眼睛眯成一条缝，根本看不出有任何伤心，可当第二次因为作业出错又被"光荣"约谈时，她脸上的笑意便淡了许多，我想她一定很懊悔烦恼，为什么当初没有多注意些细节呢？不过之后，这种错误的出现便大幅度降低了,她应该明白了解决问题最好的方法是立足于改正。

千里之行,始于足下。改变将来,从现在开始。改变现在即是改变未来。努力的成果一定会不断在她手上绽开。

兰心慧质的一平

她两道弯弯的眉毛下配着一双圆圆的眼睛,镶嵌在巴掌大的小脸上,略显羞涩与胆怯。红红的脸膛带着稚嫩的诚信与执着,她总是静静的,从不多言一句,显得格外的沉静。

我与她的结缘是从我当她的班主任开始的。时光悠悠,倒退回新生入学的那天,我像往常迎接新生一样,进入教室后先点一下名,安排开学事宜,选出临时班委,开展工作。当我点到"刘一平"时,只见中间座位处站起一个中等个头、略微偏瘦的小女生,她深埋着头,好似只见她的一个马尾辫,让人觉得格外胆小,我没有特别留意,点头示意其坐下。可是就在一周以后的教师节,我却收到了一份特殊的礼物,我对这个几乎还没有印象的小女孩刮目相看了。那天,我下课回到办公室,她也尾随我怯怯地走进办公室,我转身问:"一平,有事么?"只见她拘谨地直立着,双手紧紧地攥着一个卷轴,腼腆地说"老师,教师节快乐!"说着就把卷轴慌乱地扔在办公桌上,头也不回地逃离了办公室,跑出了我的视线。我打开卷轴,展现在眼前的是一幅装裱好的国画:芭蕉叶下羽翼未丰的小鸡是那样的安详自在,叶子是那样的坚挺娇翠欲滴,小鸡是那样的栩栩如生,像在炫耀找到最好的一片荫凉……落款是:献给我最敬爱的姜老师,刘一平。我又惊又喜,这个其貌不扬的小女生以一种特别的方式释诠了师爱无言,同时也以自己的方式表达了对老师的一种敬爱,这是我教书生涯二十载收到的第一份与众不同的礼物,它包含了孩子对我的眷眷爱心。为了鼓励这个胆小而又有自己创新思路的孩子,我就把画挂在办公室墙上,以资鼓励。

随着教学的进行,发现这个小女孩的数学不是太好,于是经常鼓励她:"不会就问,问同学,问老师都行,多与数学思维好的伙伴交流探讨。"她也果真按我的建议去做的,久而久之,数学从原来的下游跃升到班级的上游。现在,她回答问题积极而且进入办公室也不再胆怯,对于弄不懂的问题更是锲而不舍,打破砂锅问到底甚至能与我进行争论。

她非常诚实也非常诚信。记得那次考试,我想检验一下孩子们的自觉性,没有到班上监考，而是在办公室的监控下监考，尽管有好多同学都在那里"人头攒动"，但是一平始终没有抬头或者和其他同学交头接耳，相反的，淡然，不为所动。事后，我召开班会，细数班中情况，分析偷看不真实的成绩带来的危害，会误导老师对于班级情况的掌握，学习最忌讳的就是不能实事求是。这时，我瞄到她沾沾自喜的笑了，小脸充满了自信，又流露出对于被批评同学的幸灾乐祸。我把她叫起来问："一平，你笑什么？"她这次蹭地站起来大声说道："偷看的就应该得到惩罚，不然下次还改不了，我们学习不是光为分数而学习的！"这就是一平，一个把她的一切情绪都展现在脸上的孩子，诚信使她如此心安。

在与她的交流中，了解到她还酷爱音乐，自学横笛，希望在毕业时给同学们展现音乐与国画的美丽，展示我们美丽国学的精彩！与一平的点点滴滴，让我记起那首歌谣《追风少年》："我是追风少年，勇敢直前，向前飞，努力就好。"她的这种不畏迷茫、勇往直前、努力向前飞、飞向新起点的行为不正是追风好少年的脚步吗？一平，加油！

唯一的雯闵

雯闵，一条长长的麻花辫，那个人缘极好、乐于助人、说话做事干净利索脆的女孩。她是班里一名十分普通的学生，也是我心里独一无二的学生，每一个学生都是独一无二的。

她的成绩虽然在班里并不出众，甚至是落后的，这更让我关注到她。有一次叫她来办公室改数学试卷的时候，发现她有些心惊胆战的。因为没考好的原因，她站在我面前的时候，她是那样的紧张，但是我没训斥她考得不好，而是和她一起分析试卷，还为她讲解失分题目的失分原因。后来她更加努力了，终于在期中考试的时候，取得了很好的成绩，而且名次也进步了很多。我便一直在班里表扬她如何凭借自己的努力取得骄人的成绩。看得出她很开心，并一直保持着自己的努力。

也记起她第一次进办公室时，神色很是紧张、害怕，好像心就要跳出来一样，后来问了问，她从小遇到的都是比较严苛的老师，所以她现在非常胆小，什么事情都不敢做，甚至是上课回答一个小小的问题都不敢，生怕答错了老师会批评她，同学会嘲笑她。但是她说："自从上了初中才知道什么是一个优秀的班级，什么是一个优秀的老师，一个优秀的班级是团结的，不会嘲讽任何一个人，人人平等对待，不抛弃任何一个人。一个优秀的老师不会放弃任何一个学生，在老师眼里人人都是最好的，每个人都平等对待。"

　　每次寒暑假开学前夕，为避免个别不自律的同学在开学的时候会因为作业没完成而"加班加点地赶工"，作业质量无法保证，以及避免学生有落下的作业，所以开学前几天让各小组组长检查督促作业。记得有一次雯闵有大片的作业没做，说自己不会。于是我仔细地和她讲，直到她听会为止，我注重的是她的优势而不是她的不足，我一步步地帮她弥补缺陷，发扬她的优势，每次都会给她最大的鼓励，每当她遇到困难时总是不断地给她希望，鼓励她继续努力。她每次找我改错题的时候都会感觉到她的态度诚恳。我深信在我的不断鼓励培育下，她会努力把自己变得更加优秀、坚强、自信。

　　记得初一的一个班主任在我盯在班里的时候来找我，问起雯闵，跟我开玩笑说要和我结为"亲家"了。不管是雯闵属于被动接受，还是半推半就，还是享受被男孩子追的虚荣心。总之，关于"爱情"，我跟她说了几点建议：

　　一、被男孩儿追，说明你有魅力，最起码有一定的魅力，总比一辈子没被人追过强很多。一个有魅力的女孩被人追很正常。谈恋爱的机缘有很多，比如因为寂寞而恋爱，因为叛逆而恋爱，因为虚荣而恋爱，因为跟风而恋爱，等等，不过谈着谈着就散了，谈着谈着就换了，"低温恋人"只把爱情用于消遣而已。

　　二、爱是成全，不是占有。如果能彼此成就更努力更美好的自己，这个可以有。但是人的精力是有限的，不贪图风花雪月而一直努力向上几乎是不可能的，所谓的"爱情"只能做学习一时的"强心剂"，而不是长久的"催化剂"。所以不要亵渎美好的爱情。

　　三、爱情是一株树，需要阳光、雨露、土壤、水分，爱情需要时间、精力、经济的支撑，作为学生你消费不起，不要拿父母的钱当你的，永远都不要。

　　四、如果真的彼此喜欢，可以不要急着去表白亦或是去接受，而是先把这份感情捂一捂、放一放、淡一淡，把一份美好放在心底，时间自然会沉淀答案，而这份答案会检验到这是否是"爱情"。如果是真爱，大学时轰轰烈烈谈一场吧。

　　五、用知识缝制铠甲，学校是你的主战地，努力学习是你最得力的武器。曾经在一个教室里被同一道题难住的兄弟姐妹，几年不到就天壤之别你甘心吗？想想你的初中、小学同学，一定有了你感觉奋力追赶也很难追上的人，也一定有拼尽全力也追不上你的人，大学，会将这种差距变成人生质的差别。所以，再怎么努力也不为过。所以，你还舍得将时间和精力侧漏吗？不同的大学会带你走不同的人生之路，看得到的是找工作的难易，看不到的是文化的熏陶，价值观的引领，人生轨迹的确立。不同学生的人生，就是从大学开始截然不同的。

每个人都是唯一的，不可复制，愿都能绽放出自己的精彩！

阳光函瑞

函瑞长得很清秀，就是额头上的痘痘有点多，但可以算得上我们班的"男神"了。他是一个阳光快乐的少年，每次见到他，脸上常常洋溢着灿烂的笑容。

记得他刚转来我们班的时候，看着班里一张张陌生的面孔特别紧张，不知怎么和其他人接触，但在同学们的帮助下，他渐渐地熟悉了我们整个班级。

他给我的第一印象感觉他是一个懂事又听话的好孩子，但是和他接触一段时间后，就会发现他并不是你想象的那么让人省心。记得他每次考试的时候总有一两个马虎错的题。更有甚者，在初一的期末考试中，他居然稀里糊涂地把考号涂错了，智学网上被记成零分。当我收到这个成绩时，我就十分纳闷，是不是考题没有扫上？还是他没交卷？我万万没想到，他居然因为涂错考号而被判成了零分。我真为他感到可惜，但是也为他感到幸运，毕竟这不是中考，万一他在中考的时候涂错了考号那就真的惨了，吃一堑长一智，就当这次考试给他一个教训吧。

世上没有一个人是完美的，经过我与他相处的这段时间，我发现他最大的缺点就是不自律。我多次找过他，都因为这样一些问题，例如：他中午吃剩下了一块馒头扔到垃圾桶里浪费粮食；中午午休时间不睡觉，和他人说话，吵到了别人；还有在课堂上私带耳机听音乐；最近又沉迷于游戏等，这些问题都是他现存的问题，我也看到他在努力改正中。

虽然他存在着种种的问题，但他也有很多长处，比如说他很负责。安排他做事他会尽心尽力，做的很好。我还经常给他一些我带的好吃的，但他可能是因为腼腆都"灰溜溜"地跑了。

他成绩也还不错，但是这次可能因为网课期间没有好好上课，尤其迷恋上了手机游戏，还和家长经常闹矛盾，成绩下滑得很厉害，家长和老师也在想尽办法帮他恢复到原来的成绩，而且我也相信原来的他会回来的，毕竟我觉得他是个知错就改的好孩子。

函瑞，与迷恋游戏的自己果断说再见，不玩游戏没那么难！与坏习惯的自己彻底决裂吧！老师心目中的函瑞最棒！

文静的子涵

她，子涵，是一位文静的女孩儿，留着黑色的中长发，白皙的脸蛋，弯弯的柳叶眉，一双迷人的眼睛，把她的内心世界展露出来，从尾到顶的马尾辫更显的尤为俏皮。她不像红色的月季那么妖艳，不像粉红色的桃园那样的单调，她就像茉莉花一样，洁白无瑕，清新淡雅，纯洁而又真挚。

说起她的优点，可以说她是一位美术功底很好的女孩子。她很擅长于画素描，静物在她的笔下变得栩栩如生，活灵活现。描线一笔接一笔，白色的素描本上渐渐萌生黑意。静静的聆听铅笔笔尖接触素描纸的声音，那"沙沙"的声音就如音乐那样的清脆悦耳。

她很善良，善良是一种崇高的品格。一个人有一个善良的心，不仅能帮助身边的人，而且能带动身边的人去恶向善。尽管有人说"人善被人欺，马善被人骑"，但这只是片面的说法，每个人都有良知，都有善良的一面。善良的人总会不计得失地帮助他人。她会帮助别人，有一次在立交桥上有一位老奶奶穿着破烂的衣服，手里端着一个被摔碎的碗，那次她的身上并没有现金，然而她却去用手机给那位老奶奶买了烧饼。善良，其实不需要太多的诠释，它是寒风中的一支火把，失意时的一句安慰，痛苦时的一丝爱抚，无助时的一点支援……

她也很认真，老师布置的任务她都会认真地完成。记得有一次，老师布置了一个任务，让当天的值日生去打扫实验室。那时刚考完试桌子上贴的都有考号，她先用手指撕，再用小刀刮，最后再用抹布擦，她把每个角角落落都弄得非常干净。

她的缺点也不少，她做事有些马虎，在考试时，她经常会做错自己已经掌握的题，有些题方法她没错可就是计算错了。她有时候也很懒惰，记得在一次数学课上，老师正在讲台上讲题，让整理步骤的时候，她并没有去整理，在那里发呆，写步骤的时候也会偷懒，写的不是很全面。她的自控力也不是很好，她有时也会控制不住自己只想着去玩，忘记了自己的任务，自己的本分工作。

她就是这样一个优缺点共存的文静女孩。

不善言辞的思淼

　　思淼，每天总是梳着高高的马尾辫。身高长得也不是很高，外貌也是一张平淡无奇的大众脸，长着一双大大的眼睛，扁扁的鼻梁上架着一副黑框眼镜。

　　她是一个性格内向的小姑娘，不善言辞。上课时也几乎看不到她回答问题的身影。有的时候，在上课的时候，不经意间和她的视线对上，总能看到她在下一秒时躲闪着眼神，或是低头，或是看向别处，像极了一副做贼心虚的样子。总会忍不住在下一刻将她叫起来回答问题。但事实证明，她并没有上课时走神或者是去干别的事情。也不知她有没有注意到她这个下意识的反应。

　　记得那是她在上初中以后第一次上黑板去讲题，她故作轻松地迈着看似轻快的步伐朝着讲台走去，瘦小的身影背对着同学们，"马不停蹄"地将题讲完后就赶紧走了下去。如果留意一下的话，可以看到她从头到尾一次都没有回头看过同学们，中间有好几次卡壳，也有些颤音，在下面看着都替她着急，但好在也讲完了。不过，我还是鼓励表扬了她，并提出希望她能够在下次当"小老师"为同学们讲题和回答问题时能够积极一点儿，大胆一点儿，在下课时能多与老师或者是其他同学们交流、讨论。

　　她又是一个马马虎虎的小姑娘，也总是在学习上丢三落四的。在做题的时候总是会将这个坏毛病暴露无遗，不是看错符号，就是落下一问，或是将这道题的答案安到另一个题上。为此她还曾经多次光顾办公室，老师们也曾多次提醒她。她也是知道老师这是为了她好，每次也都记在心里，但还是总在不经意间又犯了。希望她能够在接下来的时间里努力改掉这个坏毛病，做一个仔细认真的人，不因马虎粗心而再有遗憾。

　　她是一个能够自觉遵守班级纪律的小姑娘，但在日常生活和学习中常常不能够严格地要求自己，态度也不够认真，自我约束的能力也不强，以至于学习成绩一直止步不前。在日常学习的背诵当中，也没有特别严格地要求自己，导致经常前脚背完了后脚就忘得一干二净，几乎就跟没背差不多了。但也是希望她能够在今后的日子里在学习上要多复习，要严格要求自己。

　　她，一个不善言辞的她，一个马马虎虎的她。在以后的日子里，希望变得严谨、自信！

纪律委员茹祺

世间，所有的相遇都是难得的缘分。记得第一次见她是刚开学，个子高高的，带着点婴儿肥，扎着一个高马尾，耳旁的碎发大概是被秋风悄悄地抽出来的，浓浓的眉毛下有着一双明亮的眼睛，那红彤彤的小脸蛋在阳光下似发出了光亮。

活泼开朗是她的代言词。她从未违反校规校纪，面对同学，她会与每个人相处融洽，面对老师，她都会热情地打招呼。她热爱班集体，将班里荣誉放在第一位。初二上学期，校里举办了拔河比赛，她积极加入了其中，为班级取得优异成绩贡献出力量。她热爱生活，一直对生活有着无限憧憬，从来不会因为某个小事而放弃，坚持有毅力。国庆结束后，班里迎来了第一场的体育测试，800米时她起跑绊了一跤，本以为她会离开放弃测试，结果站起来用手拍了拍了腿上的灰，继续坚持测试，虽然成绩不理想，但她的毅力却赢得了同学的赞扬。作为学生，她有明确的目标，同时为之努力奋斗，课堂上她集中精力，作业保质保量完成，全面发展；作为组长，她与组员相处融洽，而且积极地去帮助组员们解决难题；作为课代表，她能不折不扣地做好她的工作，毫无怨言，成为了老师的得力助手；作为纪律委员，她活泼开朗，负责任，带头遵守纪律，为建设更好的班集体做出表率。这些都是她的优点，但是人无完人，缺点也是要及时改正的。做什么事都讲究三思而后行，她有时做事莽撞，完全不考虑后果，也提醒她做决定之前要经过自己的思考，知道事情的利与弊，以最稳妥的方式行动。

在初二新冠疫情网课期间，她的成绩又下滑严重，这使我特别担心，我便让她反思一下，在课堂上，特别是在当"小老师"讲题中，一个特别简单的题却讲解错误。我帮她分析原因，万事就怕浮躁，应该稳下心来，慢慢来，要多问问老师，把自己的学习时间充分利用起来。也多次提醒她应该要使自己的学习计划有效且使课堂高效起来。她也认识到了严重性，从那以后发现她上课的状态变得好了，开学考试名列前茅，就是她努力的成果。

开朗的茹祺总是面带笑容，生活上积极向上，老师相信：茹祺永远都是最棒的！

"女侠" 艺斐

　　艺斐，往前稍躬身，双手永远在袖子里，一天到晚满不在乎的表情，像个江湖大侠一样。整天马马虎虎的性格，不知挨了多少批评。嘴上说："嗯嗯，知道了"，也没见一丝丝改过的表情。

　　在一次以"感恩"为主题的班会上，让同学们自由发言，袁艺斐像朗诵诗歌一样发起言来："老师！您像慈母一般地教育我们，教我们知识，培养我们的能力，告诉我们如何做人。在这个充满丰收的季节里，我们感恩于您！老师，您是幽默的！在您的课上，并不是死板的，您经常以幽默的语言对我们进行说教，课上我们总会被您逗笑，所以我们很喜欢上您的课。在您的课堂上，我们也能以这种方式与您更好地相处。老师，您是专注的。老师，当您讲每一个难题，帮助我们攻克每一堵困难之墙时，您总是会毫无保留地把心中的想法说给我们听，总是正确地指引着我们一步步走向正确的答案。仿佛解答这道难题的人是您而不是我们。老师我要感恩于您，因为：您是我们在知识的海洋里航行时的引路人，您总是会把我们成功地送到海的彼岸。老师，您是神奇的。当您分享每一篇心灵鸡汤的美文，为我们分析内涵时，您的神情总是那么专心致志，您动听的声音，您抑扬顿挫的语调以及您读出来的情感，使我们都好像看到了一部绘声绘色的动画片。您的种种，都令我们深深地折服。老师，我感恩于您，因为，您让我们明白了：数学，原来是这么有趣的科目！老师，您是负责任的！在暑假寒假中，班级群里总会有一些安全知识，即便是在放假中，所有人都在享受时，您却不忘关心我们的安全问题。不仅如此，您在学习上也是这样，对我们提出的问题总是认真地回答，就算是再枯燥的题也不厌其烦地为我们认真讲解，即便是细节也不放过，您的这种无私奉献、认真负责的态度值得我们学习，您是我的榜样。老师，您辛劳了，您为能教育祖国的花朵而自豪快乐，虽然它要付出汗水，要付出心血，但它很高尚。老师，我感恩于您，因为您并不为这个职业而感到厌倦，相反的，您很喜爱这项工作。我为我们有这样的好老师而感到骄傲！"我很感动，想不到平时大大咧咧的她竟然是这么细致。其实，在上一个学期，她并没有拿到她自己理想的成绩，所以她下定决心在新的学期里，奋发向上，用自己的努力和好成绩来证明自己！

　　愿你在这个收获的季节里，收获到老师、同学们送给你的祝福！愿你鲜衣怒马，仗剑走天涯，归来仍是少年！

单纯的智超

　　他，是一个敢于追风却因懒惰、贪玩而束缚了脚步的少年——智超。

　　他，体型稍胖，常常自称 70 公斤左右（实际 80 公斤左右），长相平平但"眉里藏痣"，定睛一看，会发现他还是那双眼皮、大耳垂的"弥勒佛"，常被人夸是"有福"。

　　他，对计算机十分精通，班级里遇到计算机问题，常常叫他去帮忙，也因此，胜任了微机课代表的职务，与其他班干部一样各司其职。他还是一个"热心肠"的人，每当给同学帮完忙之后，同学们都会客气地说声——谢谢，而他常常报以微笑，并咧着大嘴，憨憨地随声回到："没事，举手之劳罢了，不必客气。"有时班里讲台上的粉笔没有了，但是不久讲台上就会出现几包新的粉笔，上课时问同学们是谁拿的粉笔，知情的同学都说是勤快的智超拿来的。

　　还记得在 2018 年夏天的开学季，我与同学们一样，怀着激动的心情迎接了刚刚升入新初一的同学们，我监督着他们完成了开学考试，之后便给他们进行简单的自我介绍，并给他们说了学校的通知，下午军训穿白色上衣。在下午的军训中，我看到他们精神抖擞、意气风发的样子，于是我便给他们拍照、录像作为留念。智超胖嘟嘟的小脸上的认真，让我印象尤其深刻。我看着同学们严阵以待的样子，十分欣慰。

　　后来，智超常常来找我问问题，有一次期末考试，数学因为考题较难，优异的只有十个人，其中就有他，所以我对他的印象又加深了一点。而且他问的问题好多是一些地区的考试真题，"含金量"很高，可以向同学们推荐。但是如此好学，为什么其他科成绩不是很理想呢？通过我长期的留意和与家长的交谈，我了解到他的成绩不理想是因为懒惰——英语单词不愿意记，政治、历史更觉乏味不愿意去背。所以成绩不是很理想，我常开导他："懒惰受到的惩罚不仅仅是自己的失败，还有别人的成功。"经过多次劝说，收效甚好。

　　但是，最近几天他玩手机的现象愈发明显，甚至都不只玩手机，而是偷手机来玩，爸爸妈妈已经藏起来了，但是他又找了出来藏着玩，我觉得这也是他成绩不理想的主要原因。后来我和他的爸爸妈妈一块儿跟智超做工作、想办法，解决智超的思想问题是解决问题的关键所在。最终把孩子又拉回到了学习、生活的正常轨道。

　　他就是这样一个"热心肠"、爱为班级做贡献、知错就改、默默奉献的阳光少年。

和儿子好像的帅宇

　　体型，性格，连同那些偷懒、迷手机、看似怕家长的毛病，都好像我的儿子。他长的帅气，稍胖稍壮，这也是最像儿子的地方。他有个帅气的名字叫帅宇。

　　有次和帅宇交流时，帅宇曾说，在初一开学的头一天晚上，还在想像着："我的新班主任是什么样子？教语文还是数学？严不严厉……？"然而一见面，所有的不安与猜测便平静下来，您是和蔼的、亲切的、平易近人的。从那时起，我便喜欢上了您，喜欢上了这个班，很愉快地开始了初中生活。最初听您讲课，我的第一反应是您的声音很好听，仔细听过后又发现您的授课逻辑性、系统性很强，数学课也能讲得如此有趣。讲题时，您能够由浅入深、循循善诱，一步紧跟一步地抓住我们的思路，并且在关键时刻及时提问，一方面强调学习重点，另一方面防止我们走神，带动我们把全部心思都用在学习上。不知不觉中，我课堂注意力、专注度慢慢提高起来，您的数学课也成为我最喜欢的一门课。

　　还记得刚刚开学的一个中午，趁着吃午饭的时候，因为还不了解新同学的长处和特点，便和同学们交流，谁担任宣传委员合适。至少有三分之一的学生，是帅宇曾经德开六四班的同学，嗓门大的几个也全部在内，都一致推选帅宇，说帅宇画的好。我很信任他，毫不犹豫地任命了帅宇。帅宇正端着饭碗，当选宣传委员后一脸惊讶的样子。帅宇慢吞吞地说："在小学时代，我的成绩还好，素描也画得不错，但我是一个散漫且略有惰性的人，对集体活动不太热心，也很少担任班里的主要职务。""不要有负担，发挥你的特长，加油干吧。"我为他鼓劲儿。帅宇认真地点了点头。当承办第一期板报任务时，他积极组织有关同学，认认真真地设计框架、收集素材、板书内容、描绘花边。忙完第一期，在一个学年内，又制作了第二期、第三期……。每一期，我们班的板报，都是整个年级当中最好的几个之一。帅宇果真没有辜负我和同学们的信任。

　　初一下学期，帅宇的缺点就暴露出来了，惰性太大，课下时间就想看看手机，看看杂书，家长管的紧的时候就偷偷看，有时晚上睡得很晚，白天上课时精力集中不起来，打瞌睡。原本的学习节奏被打乱，成绩开始下滑，心性也开始浮躁起来。每一次都说想要努力，但缺乏钻研问题的韧劲儿、背诵知识的执着，学习的计划性不能够很好地得到执行。上半年的期中考试，下滑特别严重。看到家长的质疑，看着身边一些原本排名靠后的同学成绩逐渐提高，体谅到帅宇心中满是失落与无奈。那一天，我把帅宇叫到办公室。跟他说起我家孩子大山跟他一样走过的弯路，但后来发奋图强考取当地最好的高中——一中的事。希望他能自警自省，两个好像的孩子都能修成正果。帅宇后来谈及这件事说："我当时心里一惊，首先想到的是最近一些日子有没有犯事，临上楼时还想了一些可能会用到的话。结果到了办公室，我原本计划好的一些话语一句也没有用上。您热情地招呼我，耐心地和我交流，亲切地问我最近的学习状态是不是不太好，帮我分析学习的思路与方法。我非常感动，您是第一个与我如此平和地谈心谈话的老师，我永远也忘不了临出门时您的那句话——要加把劲儿啊。"那次帮帅宇分析原因之后，看到了他的默默努力，我又相继找他谈过几次，趁热打铁，及时地给予他帮助与鼓励。终于，他的努力有了回报，在初一期末考试中，他重新站到了前列，全班名列前茅。虽然，这个成绩也不是他最为满意的，但是，这极大地坚定了我们的信心和决心。帅宇的努力也带动着其他松劲儿的同学、带动着整个班级，引领着他们行走在更加优秀的路上。

有时怀着极怜爱的眼神看着帅宇，就像看着自己的儿子。

文质彬彬的瑾翔

他叫瑾翔，是一位男孩子，戴一个黑色的眼镜，他的眼睛很大，眼睫毛长，看起来不胖不瘦的样子，脾气不错，挺爱笑，比较幽默风趣，喜欢开玩笑，但总也马马虎虎，不稳重，有时粗心大意，有点儿懒。

记得新冠疫情上网课期间，有一次进行网上测试考试，在做生物题的时候，他错把"交卷"看成"下一题"，只做了几道题便交了卷，这可怎么办啊？别提他有多着急了，像热锅上的蚂蚁一样，他赶忙用微信去联系老师，问生物老师怎么办，老师一边嘱咐他"别毛毛躁躁，不稳重，这个毛病要改"，一边又重新给他发了一份题，别提瑾翔有多感动了，心里也暗下决心，以后一定改掉自己的坏毛病。

刚开学那段时间，瑾翔的学习状态不是很好，马马虎虎，可能是刚开学还没有调整过来。我便跟他长谈了一次，提醒他学习要认真，不能粗心大意，要积极调整好状态，努力学习，争取下次取得一个好成绩。我对他说："学习需要自觉性，不自觉主动，老师嘱咐的再仔细，你也吸收不了啊。"瑾翔自己也很内疚，但也很领情，因为他知道老师是为了他好才去批评他，这说明老师关心自己，希望自己变得更好，后来的状态确实越变越好了。

有一天中午，瑾翔不想吃饭，感觉学校的大锅菜不好吃，我便劝慰他："饭肯定是要吃的，毕竟身体是革命的本钱，战争的时候有一句话，'红米饭，南瓜汤，挖野菜，也当粮'，战争那么艰难的时候吃的啥样的饭？咱现在即使吃的不好，也比原来强的不知多少倍呢？再说不吃饭哪有力气去学习？还怎么提升自己？况且我觉得学校的饭菜很好吃，大家都穿同样的校服，吃同样的饭菜，不搞'特殊'，那叫'各色'，咱们要做的是'出色'的人！"然后给他盛上了饭菜，笑着说："吃饱饱的，不够我再分你点儿。"瑾翔有点不好意思地笑了，便大口吃起来。

希望文质彬彬的瑾翔能够一直保持好的状态，肩上扛风，脚下踩土，大步向前！

大班长若菡

若菡，漂亮不自知，而又靠才华，自律而又律人，雷厉风行，负责从不懈怠的大班长！

若菡妈妈和我是老同事了，还多次跟她称赞我很有文采呢。而若菡则觉得我十分亲切，见到同学们时总是容光焕发、满面春风。

虽然在平常很平易近人，但在对待同学们的学习上绝对是一个"霸道"的人。若菡曾说：姜老师，您的敬业，您说第二，没人敢说第一。每每老师们问起"你们老师还讲课呢？""又考试了？"这样的话，只要是肯定回答，办公室里必然会传出一片惊叹声："你们姜老师也太拼了！"这当然也是我们班在众班之中脱颖而出的最大原因。

同学们说我很有幽默感，比如在开学第一天，我跟同学们做自我介绍时，戏称自己是"美女姜"。这其实是在"自嘲"呢。在中午共进午餐时，也喜欢跟同学互动。有一次，若菡问我"考不考试"，我却听成"好不好吃"了，为了带动同学们多吃点饭，一边吃着，一边频频点头，还回答"好吃"，惹得同学们笑作一团，若菡又说了一遍，我才听清，我也被自己逗的笑得停不下来。

若菡还是一个很有秩序的人。班里的值日在她的安排下做得井然有序，连收餐费也很快能交齐。任何活动在她的指挥下都变得井然有序。记得有次我在主讲"女生大讲堂"活动时，她管理的全场几乎没有一个人违反秩序，同学们可注意听了，觉得内容十分受教而且有趣，不会觉得枯燥乏味，讲座内容给大家留下了深刻的印象。

我是一个很爱唱歌的人。一次，走在校园里去向班级的路上，我迈着轻盈又轻快的步伐，哼着《我和我的祖国》。一回头看到了若菡，若菡兴奋地说："我发现，您唱歌似乎成为了一种常态。不单单是在路上，就连下课、回办公室您也哼。包括在我们联欢会上唱的歌，确实很好听！"是的，我想唱歌，不唱歌就好像生命中没有太阳。

我还很爱穿裙子，尤其是连衣裙，而且是过膝长裙。若菡说："也许是因为我也爱笑，所以有这样好的运气能够碰见老师您。老师您也很爱笑，不论啥时候都是乐呵呵的，人们都说爱笑的女生运气不会太差。"

我对若菡非常信任，让她担起了班长和语文课代表的重任，放心把任何事情都交给她。在有活动时，我会让她积极参加，在她犯错误时，我会帮她更正。

在以后的日子里，我希望可以在班级管理上迈进一步，有若菡帮着分担班级事务，希望少一点工作上的压力，不再那么辛苦，更希望在成绩上迈一步。我们争取一起让我们的班级成为众多班级中最出色的那一个！

个性开霖

他叫开霖，是一个男孩，他眉毛粗粗的，说话的时候像两只毛毛虫一样在蠕动，而他的眼睛又是小小的，说话时、笑时眼睛眯成了一条缝，在课上回答问题声音小小的，而在下课和同学们玩闹的声音大大的。

而在一次与他同桌谈话时，说开霖有自言自语的毛病，他自己解释是在做题中念出过程。而他在学校学习中也有各种各样的毛病。他经常在上课的时候不看黑板上老师讲题或者知识点，在下面摆弄一些自己的东西，从而耽误错过了课上讲的题或知识点，导致知识点没有掌握或不会做题。又有的时候老师在上面讲课，他在抽屉洞里看别的科目的书，或写其他科目晚上的作业。这既导致上课讲的内容没有听明白，又致使作业质量也完成的不好。课下我与他就此事沟通交流时，他也承诺上课好好听讲。还有在疫情期间，一开始在微信上上课，这用微信上课，弊端是并不知道学生在学习还是在看别的。在讲到一个新知识点的时候，点名同学在微信上回答课本后面的练习题时，点名叫到他的时候，过了很长时间也没有回复，我便在班级群里问情况，他用"没听到"来解释没有回答问题的原因有点牵强，之后与他打了个电话，又谈心谈了好长时间，他也很后悔自己走神了没有听到，下决心今后上课要认真听讲，要自律。

他有时脾气也很倔。在八年级运动会上，提前半个月报名，因为运动会新规则的改变，一个人最多报两个项目不能多报，但一开始班里体育好的同学报多个项目。这一次体育好的同学已经把想报的位置选了，只留下了短跑200米和400米，同学们的推荐和呼声就给他填上了200米和400米。填上的时候他好像很不情愿，报完名之后我把他单独叫出教室门外交流，能感觉出他对报名的事十分不满，甚至听得出他用力关了一下门，声音有点大。在与他交流的时候，他也是极力的不想参加200米和400米的跑步，他觉得自己跑不快，会给班级拖后腿。我耐心地跟他说明班级报名情况，需要他的参与，也需要配合班级的调剂，班级需要他的帮助，人手不够，需要再报一个别的项目，他一听他如此重要，班级如此需要，转过弯儿来，和顺下来。接着我便与开霖讨论和商量，最后报了一个踢毽子项目。虽然成绩不是很好，但为班级做贡献，友谊第一，比赛第二，重在参与。

这就是他，大毛病没有小毛病不断的个性男孩！

踏实的凯骏

他高高的个子，圆脸，眉毛很粗很黑，再带上黑色的方框眼镜，眼镜边又黑又亮，眼睛显得炯炯有神，眼镜下镶嵌着一个尖尖的翘鼻子，一副可爱的模样。他每天来上学，脸上总挂着笑容，很讨人喜欢，憨厚朴实的外表下，又有几份幽默与自信，他就是我们班的凯骏同学。

由于他性格憨厚老实，与同学很亲近，乐于助人，与同学相处得很和睦。而在初一刚开学的时候，他很腼腆，不愿意与同学交流，当和周围的同学都熟悉了以后，与同学们相处的融洽起来，从没有与同学发生过任何争执。在学校时无论打扫卫生还是劳动，各方面都表现的很突出，无论室内还是室外都打扫的很干净。他勤奋学习，学习态度端正，上课认真听讲，老师所提出的问题都能积极思考，当然他的作业每一次都能保质保量完成。记得有一次数学测试，他成绩考的不太理想，因为错了几个不应该错的题。他在过了午休之后，就来到了我的办公室，拿着他修改的试卷和他自己多练习的几道与错题同类型的练习题给我看，我帮他分析错题出错的原因及应该注意的细节。通过这件事情，也能看出他对学习的自觉和积极主动的态度。

　　他也有许多不足，比如课前的预习效率低，一次，我上课讲过一个题，快下课了，我给同学们布置了一道题，就是上课时讲过的那道题，目的是检测一下同学们上课是否认真。结果出乎我的意料，平时踏踏实实的凯骏由于粗心还是做错了，凯骏自己后悔的不得了。他的数学成绩有时好，有时不好，记得那时一次月考，他才刚及格，下课以后他去办公室找了我，原来他有问题没有及时问，隐藏在心里。我跟他说：有问题一定要及时提出来，才能真正学好。我帮他分析自己的错题并逐一进行讲解，一个课间不够，他就来两个课间，直到把所有的错题全部搞懂为止。在那时，他便给自己定下了一个目标，有了一个明确的目标，这比漫无目的地学习要好很多。在最后的复习过程中，他一天也没有松懈，复习到不明白的问题，就及时找老师问，在平时的数学测试中，他的成绩也在一步一步提高，在最后的冲刺阶段，更是拼搏努力不放松。在最后的期末考试中，他取得了不错的成绩，达到了自己制定的目标，真是可喜可贺。

　　是啊，学习要树立起自己心中的目标，一个人只有心中有了目标，并且朝这个方向努力，最终才能取得成功。

迎风、追风的一诺

　　在某种意义上来说，学校是孩子们人生道路上的避风港，让孩子们有能力去迎风、追风。

　　两年的时间孩子们在知识学习、思想形成、能力提高等方面都取得了很大的进步，为今后的成长奠定了坚实的基础。每个人都是追风好少年，每个人都能绽放出自己的风华。所以孩子们应该把最热烈的掌声送给自己，为自己的成长、进步喝彩！

　　在初二上半学期，转来一个学生，初次见到他，是一个阳光、俊俏但略显羞涩的孩子。他憋了好半天才和我打了声招呼。那时我办公桌上的铅笔掉在地上，于是当他捡起铅笔递给我时，我俩才算真正打了个照面，他有些尴尬，腼腆地说："老师好……我叫刘一诺。"我帮他办理完入学手续后把他带到教室，他很快和同学们打成一片，适应了班级的环境，成为了同学们的好伙伴，老师们的好助手，班级里的好少年。在他转来之前还有两位同学也转到我们班级，我希望他能向那两位学习。三人品质非常优秀，在众多老师的关心和指导下，成绩也有所提升，我也看到了他努力的样子。

他品质很好，每次见到老师都有礼貌地说一句"老师好"，疫情期间，老师为同学们消毒，他每次都不忘说一句"谢谢老师"。

之后，他被调到了最前排，每天中午和他对坐吃饭，几乎每天中午他都会给我一些辣椒酱吃，也有时候给我花生米等，我都欣然接受，有时我也带些小西红柿、黄瓜等分给他和同学们吃。那天中午他一如既往地把辣酱递给我，我很高兴，但是因为最近上火没有接受，而他很是担心，提醒我多喝水。他在最前排，我有时忘记带笔或纸，都会借他的东西。一次借了他的尺子，忘记还他了，过几天我发现没还，连忙还给他，他甚至很疑惑，已经忘了自己借给老师尺子的事了。

他是一个敢于认错的人，在英语听写时自欺欺人地抄袭课本了，事后觉得错了便主动去认错。任何人都会犯错，看他认错态度很真诚，更何况这是第一次，我就没再追究。可是说缺点也是不少，首先是学习不够努力。如果不积极奋进，那怎么能迎着风继续前行呢？其次是不够积极回答问题，提出疑问，只有善于提出疑问，才能有更大的进步。

以后希望他无论在任何时候，无论走到哪里，都不要忘记老师的教诲和母校的培育，那就是要学会做人、学会学习、学会生活，积极进取、乐观向上、永不言败，走好自己的人生之路，把自己锻造成一个品格优秀、学识渊博的人，成为能够迎风更能追风的好少年！

大镇"大活宝"

大镇，趁老师们上课时徒手耍几下拳法，做几个搞怪表情，走几下小神儿，手摆弄额前的头发更是家常便饭，小菜一碟，真是名副其实的多动"大活宝"呀。

才上初一时，我细致地观察了一番，好对班级事务予以明确的分工。就说大镇吧，刚刚开学那几天，他中午不睡午觉，这也是从一年级就开始有的老毛病了，而且好多同学午休不适应，纪律也是比较乱的，需要有专人进行管理。大镇每天中午都睡不着，也曾被我逮到过多次在课桌下写作业。我找他谈了谈，问清原因后，就将中午管纪律的重任交给了大镇，并且给了他可以写作业这项特权。我很好地抓住了大镇的这个缺点，把缺点转化成了优点，他也很是配合。

中午午饭时，我们班由于胖仔与吃货较多，所以一到第四节课下课，同学们就虎视眈眈地冲向盛饭的桶，像大镇这种就很特殊，他一直在忙活着利用碎片时间写点儿作业，不去排队盛饭，三四成的概率都会出现盛饭晚了的情况，而这时候菜桶里的菜要么剩的很少了，要么只剩下一种菜了。于是每当在这种时候和大家一起吃饭的我，都会给没盛到饭的同学从我的饭盒里挖上几勺，让大镇和其他孩子们尽量多吃到花样。

记得有一次小测试，是个证明题，大镇在答题的前半部分还挺像那么回事儿，接着画风突变，竟赫然写着"所以我不会"。要是换做别人，我可能会生气，可是对于本就行事"奇葩"的他我真是哭笑不得，问及原因他说：我把会的因为部分写上了，剩下的真不会了。真是他的"天真"打败了我们的"无邪"呀。

我对学生在家中的表现也十分在意，上次组织的"千名教师进万家"活动，大镇就是我们班第一个被家访的人。到了他家以后，他的爸爸妈妈热情地接待了我。我详细询问了大镇在家的表现情况。发现大镇和妈妈定的有学习计划，每天晚上在家学到十二点才睡觉。有计划是非常好的一件事，但发现他的计划漏洞太大。每科作业明明半小时能完成，他的计划是一小时，甚至是一个半小时，而且每科完成后都有二十分钟的休息时间，八科作业下来光课间休息就得两个多小时，太松散不合理了。我及时给他提出建议：计划排得很松，以致于看似按时完成作业其实浪费了不少时间，再加上科目间隔时间过长，导致孩子天天晚上睡觉很晚。我又帮助我制作了一份新的计划表，之后大镇居然在九点左右就完成了作业，比计划提前了好几个小时。大镇的爸爸妈妈都为此感到非常高兴。

真心希望大镇能早日成熟起来，结束"大活宝"生涯，早日回归正途。

"学霸"榜样——文慧

文慧，那个永远短发大油头、老师都不忍心说的、一心在学习的海洋里畅游的"学霸"。

你向我表达：感谢有您！您就像一缕清风，吹散我对初中生活的无知与迷茫。是您，用自己那传播知识的手，带着无知的我，迷茫的我，推开那扇初中生活的大门；是您，用春风化雨般的温柔，抚慰着我懵懂的心灵；更是您，用如海般的胸怀，如父母般无私的博爱，用最珍贵的财富——知识，启迪了我们，让我们顺利找到了学习的道路，找到了前进的方向。

我说：文慧，最应该感谢的是你自己。心向善，一切皆善。心怀感恩，感恩所有给予和滋养，心底留芳。

你向我诉说：不仅在学习上，在各个方面，您都在教导我们，指引我们。还记得，刚开学时，班里的卫生还没有安排好。那一天中午，刚刚吃完饭，我正趴在桌子上，不知是因为您一眼就看出我特懒，还是顺手指派（又或是被我吸引了），您让我当了卫生委员。而我因为缺少干活经验，与同学还不够熟悉，更因为有点懒，所以干事总是拖拖拉拉，还老是干不到位。是您教会我"在其位，谋其政"，让我拥有了负责任的态度。

你又想起：还记得七年级下学期的开学考试，因为寒假里没有好好地复习，所以开学考试便考砸了，我错了很多简单的题目，才刚及格。当您给我分析试卷时，我本以为您会生气地训我学习态度出了问题，掌握知识不扎实，但您却耐心地为我把那些题又讲了一遍。我心中十分羞愧，因为我没有好好预习课本，没有认真对待这次开学考试，让您失望了，但这次开学考试却让我明白了姜老师一直教导我们的——态度决定高度，不论做任何事都应端正态度。

还有，您总是陪着我们一起吃饭，让每位同学都一定吃上饭。当然，每次中午吃饭时都是一天中最欢乐的时候。记得有一次，食堂做的菜是黄豆，但大家都不怎么喜欢吃，最后只能拿到食堂倒掉，但您却把那些菜都收了起来，您还不准我们扔馒头倒菜，让我们吃多少，拿多少，懂得节约，不浪费任何粮食。老师，您在学习上、生活上都无微不至地关心、呵护我们，您教我们做人之本，让我们成为爱国、爱党、爱家的人，成为品学兼优的人。

我说：亲爱的孩子，无论什么时候，无论在什么地方，永远做正直、善良、负责、坚强、乐观的唯一的你，相信只要你肯付出肯努力，总有一天，你会站在最亮的地方，活成自己曾经渴望的模样！

你立下决心：感谢您一直以来的辛勤付出与无私相伴，我也会继续努力，不辜负您和父母的殷切期望，不辜负这大好的青春年华，向着我的理想大步前进。

我说：你是老师们的骄傲，同学们中的学霸榜样，家长口中的传奇！只要你想努力，老师会一直站在你的身后陪伴、支持你！

自立自律的舟艳

她姓李，名舟艳。远远望去，你会觉得她很严肃，但实际上是一个亲切友善的女生。一头乌黑的秀发，总是以梳着马尾的形式展现着她的低调、自信。虽然不是浓眉大眼，但一双灵气的杏眼显得她炯炯有神。目如杏核，齿白唇红，"娉娉袅袅十三余，豆蔻梢头二月初"，歌颂的便是如此这般青春的美好吧。

舟艳在做事上中规中矩，却也绝不是墨守成规，行事有自己的想法和主张，对于她所不赞同的观点，也会积极提出自己的意见，不会随波逐流。在学习中，实事求是，对未知领域有强烈的探索之心。平日与老师交流问题时，勤学好问，有着打破砂锅问到底的执着。舟艳秉承"实践是检验真理的唯一标准"理念，努力追求"吾日三省吾身"的理想品质，积极参与班内事务，做事力求达到完美，顺应班级里的需求，敢于直谏。

但并不是任何时候做事都是十分美满的。时间紧迫，有时又赶上"大忙季"，所以在安排任务时就会漏洞百出，这是犯错误的原因其一。原因其二，就是做事平时喜欢一个人去做，不喜欢麻烦别人，所以有时所有事情都自己亲力亲为，就又造成了风波。其三，考虑事情不周密，安排组员任务时没有考虑到每个人的性格，一味追求公平有时反而会造成不公，加上监督工作不到位就会酿成纷乱。记得有那么几次，她在快放学时才准备发试卷或听写，也同样是因为没有做好时间上的安排，我对她多次提醒，她也为此表示抱歉。偶尔也会在早读期间来的迟，这样也会造成时间上处理不当的麻烦。还有在值日时，有的时候她们组的值日不到位，我也多次提出提醒，虽然当时她们组员已经按照要求改正，可是有的时候还是不能每次都根除，她也正在努力寻找正确的方法。

无论课上还是课下，每当她虚心求教时，我总会感到欣慰并时常予以鼓励，我的每一次激励她都没有忘记。"知识改变命运"这句话更是对她影响深刻。

在人与人之间的交往中，理解或许更能够增进情谊。当她又周转在组长与组员之间的矛盾中时，我很理解，告诉她每个人在处理这种事情时都会遇到棘手的问题，但我们的收获就是在做一个优秀的领导者的道路上迈进一步。她听到我的话热泪盈眶，可能是联想到了自己的境地和心情，这也许就是她人生路上一个不起眼的小风波而已，人生处处充满了未知，既然选择往高处走，就要当心山上滚下来的岩石，即使跌入深渊，也要坚持不懈，奋勇拼搏，新时代的上进青年心胸中都要有个伟大的宏伟蓝图。

知耻而后勇，知不足而奋进。追风好少年就应在风雨中狂奔不止，奔向冉冉升起的朝阳。

生活委员梦瑶

梦瑶，有着一头乌黑的头发，淡淡的眉毛，高高的鼻梁，还有一张能说会道的小嘴。

虽然她的体育成绩不怎么理想，其他方面都还是很好的，在我们老师眼里，她是一个懂事、爱学习的好学生，她还是一个乐于助人、无私奉献的好同学。

"成功＝艰苦的劳动＋正确的方法＋少谈空话"，这是爱因斯坦的名言，付出过努力就会有回报。梦瑶同学是一个爱学习的孩子，学习起来真是一丝不苟，专心致志，心无旁骛。她用了许多的课余时间来补习较弱短板的科目。当遇到了较难的数学题时，她就一点一点的去钻研，不懂就问，没有一点因为问问题而显得羞怯。每当做出一道道难题，她也会很有成就感，感觉好像攻克了一个重大项目，也会一遍遍地把难题跟同学们一起分享，一起讨论。

梦瑶也是一个乐于助人的好孩子，不管是课上还是课下，每当同学们问她问题的时候，她都会细心地把同学们不理解的地方一遍又一遍地给同学们讲明白。初一的时候，有位同学因为生病而落下了几节生物课，导致了对所落下的知识点不是特别理解，现在又临近初二的地生结业测试，这位同学担心等级通过不了，很是苦恼。梦瑶就利用课余时间，帮同学在课本上圈圈画画，写出重点考点，中考有关类型的题，让那个同学中考更有把握了。她始终认为"教学相长"，教和学两方面互相影响和促进，都能得到提高，在教与学之间，互相鼓励，互相帮助，一起学习，一起进步，赠人玫瑰，手留余香。

梦瑶还是个孝顺的孩子。孝顺，是我们中华民族的传统美德，常听人们说孝顺的人前程无量，许多人的为人处世也是以孝为本，交友原则也是以一个人的孝心作为标准的。通过家访等一系列活动的了解，梦瑶很有孝心，在家里经常帮助爷爷奶奶干些家务，周六周日也会在家里看着弟弟，让爷爷奶奶放松放松。为了不让父母担心，从来不晚归，很懂事也很让人放心。

梦瑶作为生活委员，每天中午在学校里检查同学们的就餐情况，每次我来到班级里，都能看到她在看着同学们一个一个都打上饭，尽心尽力。做了委员后，梦瑶吃饭时间就晚了，时间就比较紧张了，她却从不抱怨，而是任劳任怨。

但是梦瑶也有一些大大小小的缺点，就比如，有时候做事情毛毛躁躁，急性子，可心急吃不了热豆腐啊。在解题方面，虽然有一些简单的小技巧，但不是每个题都能用的，她就有几次因为一点"小技巧"，更准确地说是"小伎俩"，或者把做题的步骤给省去了，扣分或者做错了题，后来老师一讲就恍然大悟，痛恨自己为什么要这么做，明明会做，却因为走捷径而"摔跤"。很多事情，不能急于求成，否则会事与愿违。

愿梦瑶能以梦为马，心向瑶池，挥鞭而行！

追求完美的传帅

在我的印象中，有一个默默无闻，不用扬鞭自奋蹄的孩子，他虽然没有那么聪明，可是却是十分努力的、十分刻苦的孩子——他就是传帅。

记得刚见到他的时候，传帅一双大大的眼睛，却带着一股犀利的感觉，好像什么事情都看得明白，个子很高，却没有显出那种粗鲁的感觉，说话的声音十分洪亮，没有那种羞涩腼腆的样子，并且十分有礼貌，在校园里他见到每个老师（包括不认识的老师）都会向老师问好。因为疫情原因，每天放学后我都会将学生送出校门，而他是骑车子来学校，所以说每当我送完学生在那里站岗值班，都会看见他推着车子朝这边走来，他看见我以后，每次都是微笑着打招呼，让我的心中充满了温暖，站岗值班的劳累也消散了许多。

在我的记忆里，传帅是一个很爱生病的孩子，一个学期肯定要请几次病假，其中肚子疼和过敏是经常发生的，但是，他并没有被病魔所击垮，草草地休息之后继续再战，而且就算生病也绝对不会不完成作业。有一次生病我十分在意，那个时候，他的母亲给我发消息，说孩子肚子疼，要带去就医，可能晚一点来学校，我并没有疑惑，下午的时候，给传帅的妈妈发了一个微信消息，问孩子病情检查的情况。传帅妈妈却回给我一个抱歉的微笑，刚想再问，传帅妈妈已经打过电话来了。她说："老师，对不起，传帅，今天不能去了。"我一听，以为是病情加重了，当听见传帅妈妈后面说的话后，我那怦怦跳动的心终于平静下来了。"老师，是这样的，传帅上次考试考的不理想，为此十分自责，觉得对不起老师的付出，因此自己在家里哭泣呢！"我赶忙说："这次测试主要是了解疫情期间同学们的学习情况，没想到传帅这样优秀的学生也会'中枪'，告诉他不要有压力，这只不过是为了测验大家的真实水平，每次测验只要尽力了就可以了。"传帅妈妈说着感谢，挂断了电话。希望传帅更加坚强一些，也可以看出传帅同学的自律性，什么事都追求完美，不停地就追寻自己的梦想，向前跑，扬起生命的风帆，追着那美好的风。

天行健，君子以自强不息！从传帅身上，我看到了自强，他学习成绩一直名列前茅，体育运动方面也在不停地锻炼，积极参与班级各项事务，帮助其他同学学习，在前面几个学期，他把为同学们打饭服务当成了自己的责任，现在为同学们摆放车子也已经成了他的习惯。

他努力地完善自己，追求完美，这样的少年不成功，还有谁能成功？！上帝总是眷顾那些勤奋的人，传帅，老师相信你，你一定可以做到，大胆去追寻属于你自己的那份梦想，风在耳边呼啸，那是胜利的召唤，老师愿你历尽千帆，仍怀有追逐梦想之心！

数学课代表维宇

2018年的金秋九月，铃声响起，一切都安静下来。我抱着一摞本子急匆匆地穿过朝阳斜照的走廊，走进那间属于我和孩子们的教室。刚开学，作为班主任，不仅要备好课、教好课，还有很多琐事：暑假作业要收；尽快记住孩子们的名字，各科的课代表、班长、副班长、学习委员、生活委员等职务也要一一落实；安排好值日表，等等。也就在这时，我遇到了她——维宇，我两位数学课代表中的一位，她脸上有点小雀斑，两个眼睛大大的，炯炯有神，笑起来还有小酒窝，是一个活泼开朗的小姑娘。

在今后的相处中，我还发现她也是个大大咧咧、欠稳妥的孩子。当然，随着年龄的增长，我相信她会变得越来越踏实的。我的这位数学课代表呢，最大的一个优点就是勤快，什么活儿都抢着干。每月一次的作业常规检查，要去把整理好的学案送去指定的教室等教务处领导来检查，大多数都是她去送。抱着一沓子学案，急忙忙地出了教室，"蹬蹬蹬"地下楼去，毛躁躁的样子，让人担心又有点好笑。

但有时候，这孩子也挺不让人省心的。有时候我给她布置的事情，一转眼就忘了。有一次我让她找人去黑板上做题，结果她忘记布置了，还耽误了同学们一些时间。有一次我发给了她几本不合格的作业，让她去告诉他们改错并来找我讲题，但是不知什么原因，她没有及时传达我的任务，我在办公室等了一天，都没有人来找我讲题。初一这一年这孩子没少犯过这样的错，好在初二这一年，进步了不少，这样的事基本上没有了。其次，就是关于学习，这个孩子的学习不稳定，尤其是数学，那成绩就跟过山车似的，忽高忽低，有时还行，有时刷一下就下去了，都要快到最后了。其实我也知道她也是一个很勤奋的孩子，没有拿到理想的成绩，她也很难过。考不好的时候，她都会主动来找我，给我讲讲错题出错的原因，我也帮她分析一下是哪方面的不足，给她适当的批评和鼓励。最严重的一次，是初二下半学期的开学考试，因为疫情原因上了三个多月的网课，回来一考试，好家伙，这"漂亮"的"汇报"真是惨不忍睹，实在让我有些失望。这次过后，她又来到我的办公室，眼睛红红的，好像哭过，低着头，沉默不语，看来这次成绩确实打击到她了。我这次没有批评她，而是帮她找原因，明确方向，告诉她："一次的失败不代表什么，你还有很长的路要走，汲取这次教训，我愿意陪着你，我永远支持你、相信你。"在之后的学习中，我看到了她的努力，几次小测还算稳定，这次期末成绩考的不错，当然这次的题型简单，往后一定不可大意，脚踏实地最重要。她说她知道数学是她的弱项，会利用暑假弯道超越自我，使自己的数学成绩稳定一些，提高一些。

马上就到了初中关键的一年——初三，我希望我的维宇能在这一年里，奋力拼搏，永不言弃，尽情地挥洒自己的汗水，不负青春，考上一个自己理想的高中。加油吧！

懂感恩的浩然

　　浩然是一个壮硕的小伙子，二百斤左右，一米八几的个头，眼睛被肉挤成了一条缝，站着不动就像一颗大树。

　　他很乐观，不管是在生活上还是在学习上都是一个乐观的孩子。从不会因为一些小小的挫折就止步不前，怨天怨地的。他以乐观的心态去看待生活。他有一个必胜的信念，考试成绩没有把他打败，而是让他更强大。

　　他同样也是一个善良的孩子，他希望每一个贫困的孩子都能有学上。看到贫困山区的孩子冬天没有衣服穿，他都让妈妈拿出自己穿小的衣服捐给他们，每次假期他都跟着妈妈到养老院帮老人做些力所能及的事情。

　　不过，马虎的毛病是他很大的缺点，哪有马马虎虎的人就能随随便便成功的？比如，写作业时马马虎虎会让他错误百出，错了不该错的题目，马虎说到底就是浮躁，不扎实、不踏实。

　　记得他刚转来学校时，是一个内向的孩子，非常胆小，对同学们非常陌生。老师上课回答问题的时候，他几乎没举过手。只是低头默默的思考，担心老师会叫他。"徐浩然！"老师的声音响起来，每次点到他名字的时候能感觉出他都会内心一颤，颤颤抖抖地站起来，然后支支吾吾地回答问题，因为紧张，每一句话后面都要加一个"嗯"字。但是我并没有批评他，而是和蔼可亲地说："回答对了，如果再自然一点，那就更好了。"下课后我找他谈话，对他说了很多鼓励的话，整整一个课间，一直到快上课了才回教室。为了锻炼他，我让他担任课代表，这无疑是对他的最好锻炼，让他不再内向。他开始时说："老师，我可能无法胜任这一职位。"但是我鼓励他说："就当是一次历练，没当过怎么就知道自己不行呢？"再三鼓励下终于走马上任了，人的潜力是无穷的，一直做到现在了，还是挺不错的。

　　虽然他还有很多不足的地方，但是他已经努力地想去改变自己不足的地方。在中午吃完饭练字的时候，他写的字歪七扭八的，很不美观。我走了过去，给他写示范，让他写仔细点。还记得当时我写了一个"我"字，一个"能"字，还有一个"行"字。他当时有点懵懵的状态，一副不以为然的样子。能看出内心的潜台词："不就几个字吗？写好写坏不都一样吗？真是浪费时间。"直到这次考试过后，他终于认识到了书写的重要性，我的严格要求是没错的，是对他负责，写一手好字是自己的，别人得不到。这次暑假他每天都在认真练字，写的字比原来好多了，规范多了。

初一下学期的时候，他得了胃炎，跑操的时候肚子疼的厉害，我扶着他，一步一个台阶地走到楼上，有些艰难。毕竟，他壮硕的身材一个人都快赶上两个老师的体重了。我回到办公室里，又给他倒了热水，又焦急地打电话叫来家长带着去医院检查，等他查完病回来，我终于放心了。有时候老师不仅仅是老师，也得像一位慈爱的母亲关心着孩子们的生活和学习。浩然说"明师之恩，诚为过于天地，重于多父母矣。"这句话足以概括他对老师的感恩之情。

美德少年王睿

王睿，那么向上，对生活、学习的热情像一股火苗儿。他那么热爱劳动，班级里诸如打水之类的活儿他基本全包。这不禁让我们感慨人生的多变，无限的可能性。

王睿本应该是这届初三的一名学生，由于青春期的情绪无常与父母产生了许多摩擦，导致他以不上学为由威胁父母。但是这个决定彻彻底底地改变了他的人生。父母把他送到了一个叫做青少年心理成长中心的地方。在那个地方，他受到了类似于军事化的教育，那里的规定是非常严格的，每天早晨6:30起床，起床后只有10分钟的时间叠好自己的被子，整理好床铺，并且穿戴整齐站到操场去。随后他们开始了跑操。在那里并不需要学习什么知识，只需放松心情多读读书，或者偶尔看个电影，每个星期都有专门的心理老师和他敞开心扉地聊天。在那里不会听到父母的唠叨声，也不用担心学习任务完成得不好。

他在那里一呆就是三个月。三个月之前，他和父母不是那么的和睦，但是在这三个月里，每一日他都会比前一日更加地想念他的父母。在那三个月里，他心底的亲情被激发出来，让他懂得了，拥有亲情是多么美好的一件事情。

同学们，当你们在和父母争执的时候，想一想很多人是没有父母的。他们不知道亲情到底是一种什么样的感觉，但是你们是知道的啊！我们应该为这份存在的亲情而感到庆幸。

人非圣贤，孰能无过。每个人都会有犯错的时候，但是知错就改依旧是一个好孩子。我们应该珍惜当下，孝顺父母，让养育我们许多年的父母感到他们有一个好的儿女。虽然没有多么感人的事迹，但是这改变一生的决定让他学会了孝顺。

在学校里，他也非常喜欢乐于助人。在他眼中日行一善会升华他的价值。当你学会善待周围身边的人时，那么周围身边的人便会受到你的影响，从而改变你周围的环境，当你周围的环境变得越来越好时，环境同样影响着你变得越来越好。

之前，王睿的内心非常焦躁，易怒易抓狂，现在王睿的心态已经调整得非常好了，他说我们不仅要宣扬正能量，还要管理好自己的负面情绪。王睿讲起有一种效应叫做"踢猫效应"，这个效应主要是讲负面情绪会感染身边周围的人，从而让你周围的环境负面情绪越来越多。我们如何打破这种负面的环境呢？首先，我们不要用别人的过错来惩罚自己。学会控制自己的情绪，学会忍耐。俗话说得好，宰相肚里能撑船。其次，我们要用正确的情绪来面对自己的错误。每个人都会犯错，我们应该理性地分析自己犯错的原因。避免产生负面情绪，要积极乐观地面对自己的错误。最后，当某个事情出现了问题时，首先想到的不是去找别人的错误，而是理性地分析。要学会换位思考，将心比心。

后来，王睿被同学们推荐参加美德少年的评选，王睿在自荐词里开诚布公地谈起了曾经的这段往事，每个同学都唏嘘不已，浪子回头金不换，不少同学都表示重新来过，争做美德少年！

王睿说，希望我的一些理解可以对大家有帮助，也希望我们每一个生活在当代社会的少年都能成为一个具有中华传统美德的好少年。

等风来不如追风去的幔靓

风轻抚着自然的轮廓，阳光温柔地洒下来，时光荏苒，转眼间，我已陪伴了这个女孩两年青春的历程……

两年前，她，幔靓是一个初出茅庐的学生，扎着简单的马尾辫，明亮的眼睛，泛红的脸颊，时常露着甜美的微笑，是个文静的女孩子。在学校里，尊师重道，待人友好，若追溯到历史，她也许会成为一个"窈窕淑女"。

记得那是初一，临近期末考试，一次模拟考试，她没有达到理想的成绩，这次的失误主要是由于不仔细造成的，我跟她说："切记浮躁！做事需要更加认真，有更认真的态度才能成就理想，相信如果改正了这个缺点会越来越自信的，取得更优秀的成绩！"她低着头，手里拿着试卷，紧张地做着小动作。我知道，她一定是害怕我会训斥她，但是一次失误并不会影响到最终的发挥，我又以温柔的语气对她说："我一直认为你是一个有正能量的孩子，这次没考好不要紧，抓紧时间补漏洞，争取下一次达到理想的成绩，加油！"看着她抬起头，腼腆地对我说了一声"谢谢老师，我会努力的"。后来她取得理想的成绩，我倍感欣慰，我也明白——鼓励对一个孩子的成长是多么的重要！

她上课的注意力特别集中，思想品质特别高尚，不断传递正能量，我见证了她的成长，布置做什么事情都会出色完成，比如上课让记住一个公式，等到提问的时候，她会很流利地说出来，真心为幔靓点赞，不断的鼓励和赞赏让她对学习产生了很大的动力。同时，她也是有礼貌的一个女孩，尊重他人，用礼貌的语言回答问题，善待他人，以礼为先。

真正的管理者必须有不推卸责任的精神，她的负责任也让我对她刮目相看。那是一次国庆假期，在放假前一天，由于任课老师外出工作，不在学校，作为课代表的她，在放假第一天便立即向我问任课老师的电话，然后负责任地告知同学们作业，这是一个课代表应该有的态度！

高度自律即绝对自由，疫情期间，学生们不得不居家学习，这是一个考验学生自律性的重要时机。如果真正做到了自律，开学以后成绩与疫情之前的成绩不会相差太多，记得在疫情期间，她说过这样一段话："如今，手机、科技已经走进了我们的世界，对于手机，最重要的方面就是自律、控制。我们要严格按照作息表和课程表合理利用手机，不做无益的事情，要时刻自省，这是一把双刃剑，做得好的话，带我们走向世界，展望未来，若是做的不好，等到开学时成绩便会一落千丈。不负青春韶华，才是真谛！无悔，才叫青春！"这让我见识到她自律意识的体现，疫情期间，她也经常会问我问题，我也会耐心地为她讲解，希望她会越来越进步！

不过，此次期末考试出现了严重的偏科问题，导致上下浮动太大，希望她可以改正这一点，补短板、扬长板、多用心。还有一年的时间，她即将到达人生的一个重要转折点——中考，诗和远方在等待着她，希望即将踏上青春这段旅行的雏鹰可以到达理想的远方，以青春之名书写青春，以不负之谓闪耀年华！

等风来，不如追风去！加油吧，那个追风少年，相信她会秉承着勤勉善思、躬行索真之风，挥洒着青春的汗水，歌颂美好的青春！

默默无闻的秋雨

每一位同学就是一朵花，世界上没有完全相同的叶子，世界上也没有完全相同的两朵花。

一支粉笔，三尺讲台，花开花落，不知不觉中已送走了几届学生。每个学生各有各的特色，各有各的优缺点。每个孩子就像花朵一样，虽然身上会有一点儿小瑕疵，但心灵和品质却是美的。谁孩童的时候没有犯过错误，谁没有任性淘气的时候呢！和同学们在一起的一点一滴刻在心里，任岁月无法消磨，在一起奋斗过、拼搏过、反思过、胜利过，这些丝丝缕缕如过眼云烟的经历对于我来说是一笔不可多得的财富。现在回想起来也觉得非常有趣。

在我印象中她是比较有趣的女生，秋雨，她看上去是一个非常简简单单的平凡女孩，个子不高，一张瓜子脸上小巧的鼻子上，戴着一副圆圆的眼镜。梳着马尾辫，看上去文文静静的样子。但每个人都是多面性的，作为老师就是要深入了解自己的学生，给自己的学生做好榜样，为同学们传递良好的思想教育，成为他们的良师益友。

经过两年的相处后，发现了同学们很多方面的特点，同学们都很优秀。有一句话说的很好，人不可貌相，海水不可斗量。她看似文文静静的女孩，性格却有点大大咧咧的，都说女孩心细如发，但她却是一个小马虎。在学习方面，她的基础知识比较薄弱，计算题这样简单的题经常出错。有时她也很贪玩，常常做不到严以律己，作业完成的不认真，字迹潦草，纪律松懈，这也常常让老师感到失望。记得年级中有一回进行了一次数学测验，就是检验同学们的计算能力，但她向来计算不好，所以错了很多，她也下决心一定要好好练习计算题，一定不要犯这么没有技术含量的错误。希望今后把更多的精力和心思放在学习上面，其实她是一个很聪明的女孩，只要认真学，有什么学不好的？世上无难事，只怕有心人。

她也有很多优点，她为人热情大方，性格开朗，对待学习谦虚认真，上课能够认认真真地听讲，下课也及时完成作业。宽厚仁道，不激进，不与同学有任何矛盾，与同学和睦相处，不与人针锋相对。

她对待老师也非常有礼貌。在新冠疫情这个特殊时期，同学们返回学校上课也是冒着很大的风险，所以作为老师一定要把同学们的人身安全放在第一位，健康才是最重要的。所以每天进校门都有专门的老师为同学们消毒，上学放学都有专门的老师护送同学们，要求同学们严格遵守两点一线的原则。那天像往常一样护送同学们放学，她推着自行车出来了，步履缓慢，低着头，也不知道在想什么。我站在拐角，她正好从我面前经过，抬起头对我笑了一下说，"老师我真的不想和您说再见"。当时我也觉得莫名其妙，只是微笑着向她回了一声"再见"。第二天，她来办公室找我改卷子，我又想起了昨天那个莫名其妙的事情，我好奇地问她昨天你在校门口对我说："老师我不想和你说再见。这话是什么意思呢？"她听了这话之后开始语无伦次地解释着，她说她昨天也发现她说的这句话有点问题，容易产生歧义。我用开玩笑的语气跟她说，"不想和我说再见是再也不见，还是舍不得离开？"她慌乱地急忙向我解释："是舍不得离开老师"。看见她焦急的样子，我觉得很有趣，笑着对她说，"不跟你开玩笑了，你先回去上课吧！"秋雨自己也忍不住笑起来。

希望她今后能在各个方面提高对自己的要求，以更强的实力来迎接未来的挑战。

奋进着的新凯

在这个平凡而又伟大的世界中，在这个渺小的城镇中，出现了这样一群追风少年，他们不断进步，不断朝着自己的梦想奔跑，他们永不畏惧，他们从不轻易放弃，他们似乎可以清清楚楚地看清自己的未来，便一直努力着。

他，一个高高胖胖的初中二年级男生新凯。初见，给人一种头脑简单、四肢发达的即视感觉，他目光显得有些许小呆滞，他没有其他男生那样帅气的脸蛋，但看到他就会感到非常的呆萌、可爱。使人乍见感觉非常的不在状态，但事实却不是这样的，他一直在用心的听讲。有时他非常幽默，也非常活泼。在小范围的朋友们和同学中间，他经常可以在较为尴尬的环境下寻找出小小的话题：比如讲讲冷笑话，说说共同的理想，畅聊共同的爱好……在表面上，当人已经非常少了，甚至只有他自己时，他甚至都不会觉得非常无聊，只是安安静静地坐在那里，一个人静静地在那发呆、沉默。什么也不想，什么也不做，有些让我们琢磨不透他的性格，他似乎并没有感觉到孤独和寂寞，也许这就是习惯吧！

他非常喜欢唱歌，尽管现在的他声音变得有些低哑，不但会在下课唱，放学的时候也会和同学们一起唱，似乎这声音只能他一个人听到，但他依然感觉很美妙。在一次联欢晚会上，他勇敢地站出来为我们唱歌，虽然在台上开场的前一小段时间，他的嗓音变得异常的低哑，尽管这样，他还是为我们唱完了一整首歌，他似乎感到有些害羞，又有些许的欠缺，没有把自己真正的优美旋律和嗓音展现给大家，但可以看出他已经在努力了！

他热爱篮球，在一次运动会篮球项目中，他多次拿到运球的机会，但因为他体格庞大，动作不协调，没有获得奖项，他显得有些无奈，却又无可奈何，之后，他不断地训练篮球基础，投篮、上篮、三分球，等等，他没有放弃，反而一直在坚持。

他似乎没有主动学习的习惯，只有在老师们和家长的叮嘱下才会学习，他可能认为学习并不是唯一出路，另一方面他又不知道除了学习还有什么路可以走，他显得有些迷茫。我跟他畅谈了"选择"的重要性，并把龙应台的这段话单独分享给他："孩子，我要求你读书用功，不是因为我要你跟别人比成绩，而是因为，我希望你将来会拥有选择的权利，选择有意义、有时间的工作，而不是被迫谋生。当你的工作在你心中有意义，你就有成就感。当你的工作给你时间，不剥夺你的生活，你就有尊严。成就感和尊严，给你快乐。"他郑重地点了点头，"懂了"，从那以后学习的劲头就更足了。

他的成绩在班级中算是潜力股吧。但是网上学习期间，由于沉迷于手机游戏，不能自拔，父母又因为工作原因和辅导刚上小学的妹妹，没有太多的时间来管他，导致他的成绩极速下滑，班主任兼数学老师的我发现了这一问题，于是放弃自己的休息时间，独自一人放学后晚上家访，帮助他制定了一系列的下学期的学习计划和目标，说明了注意事项，顾不上喝水就离开了。这令他非常感动，下决心向着目标奋进。果然，功夫不负有心人，在接下来的一次期末考试中，他一下在班级里进步了十四名，他满面欢心，激动地笑了起来，开心了好久。

在一次升旗中，猛的站起来使他有些头昏眼花，原本不近视的他，突然感觉周围的一切东西都看不清了，他有些焦虑，想走前去向老师请示，但因为正在升旗，他没有这样做，直到升旗结束，他直接趴在桌子上，感觉非常劳累。我知道后，连忙走到他跟前询问他的身体状况，并表扬他在升旗期间的坚持和执着。他脸上浮起了难得的微笑。

他说他感觉到自己非常幸福，有和蔼可亲的老师，善解人意的同学和朋友们，温柔体贴的父母，他决定用心去感受，用心去回报。不是每一个人都能做自己想做的事情，也不是每一个人都能到达想去的远方。但是，既然我们有了方向，便不能停下脚步。加油吧，追风少年！

小精灵思洁

班级里数她最小了，可是却数她语言组织最有条理性，最有灵气，是人见人爱的小精灵——思洁。

"修学先修人，处世德为先"是思洁同学的座右铭。品性端正、自立自强是立身之本，因此她在日常的学习生活中不断提高自己的道德素养和言行举止规范，自强自律，品学兼优，全面发展。她总是把班集体的荣誉看得高于一切，日常生活中，为学校为班级服务仿佛使命般印在了她的心中。从我做起，是她的格言，严格要求自己，起表率作用，全心全意为同学是她的信念，她经常为班上做些力所能及的事情，把自己融入了学校，融入了班级。她乐于助人，在她的书包里经常会备着一些生活用药，每当看到同学们有肚子疼的时候，就会默默地给同学递上药，帮助同学缓解病痛。她还经常主动帮助学习上有困难的同学，不惜牺牲自己的休息时间，耐心地给同学讲解题目的思路，直到他们听懂为止。

她一直担任我的的数学课代表，工作尽职尽责，一丝不苟，是老师的得力助手。在细节方面，比老师想的还要周到。

在学校开展的运动会上，总是看到她忙碌的身影，她总是积极地组织班级的同学们认真写稿，为运动员们呐喊加油，在她的带领下，我们班2018年和2019年连续两次获得同济中学秋季运动会"精神文明一等奖"的荣誉称号。

时间是挤出来的，她总是要求自己多学习多锻炼，为学校争得荣誉。在紧张的学习之余，她总是积极参加学校的各项活动，2019年6月，她代表同济中学参加德州经济技术开发区主办的"国学小名士"比赛，过关斩将，最终取得了全区第一名的好成绩，得到了全校师生的一致好评。

赠人玫瑰手有余香，周末的时间她还经常积极参加社会实践活动。2015年12月，她和同学们一起参加了德州爱心义工在澳德乐时代广场组织的募捐活动，用自己的实际行动影响身边的叔叔阿姨进行捐款，为社会福利院的同龄孩子们献上爱心，贡献自己的一分力量。2017年10月，她参加了德州市怡然社会工作服务中心在澳德乐时代广场组织的爱心义卖活动，为希望工程的孩子们奉献自己的爱心。2018 年 8 月，她随母亲一起参加了在夏津县丁坊村爱心捐赠和精准扶贫活动。通过多次参加献爱心的社会实践活动，不但锻炼了她的人际交往能力，更重要的是让她拥有了一颗感恩的心。她总是说："当我们处于困难之中，多么渴望他人伸出援助之手，拉自己一把。当我们尽自己的最大努力，为他人奉献出一点微不足道的力量时，我们自然也会从中获得无穷乐趣，因为帮助他人本来就是一件快乐的事情。"在人生路上，思洁一定会秉感恩之心，以爱待人，勤奋努力，充分发挥自己的人生价值，让属于自己的那片天空更加温暖而美丽！

去年暑假的时候，思洁因为鼻炎经常引起头疼，所以在假期里做了个手术以根治头疼病。我也很挂念身体瘦小的思洁，经常问起她的病情和恢复情况。思洁妈妈说思洁特别想我，还给我写了一封信呢。

愿可爱的思洁坚强、勇敢，永不后退。

笑起来真好看的玲玉

玲玉，一开口的语速、语气便知道是个开朗乐观的女孩。开口便笑，而且笑起来真好看。但总觉得在学习或独处的时候眉宇间有股淡淡的忧伤。

后来，一个自称玲玉亲妈妈的人找到我，声泪俱下，说如何对不住孩子，多少年没见到孩子，想见孩子一面，让我安排。我才了解到，现在玲玉的家庭是一个重组家庭，怪不得孩子气质里透着伤感。我先私下里跟玲玉交流了一下，问她是否愿意见亲妈妈。看得出玲玉心情很复杂，立马回绝，说不见，她说在很小的时候妈妈就离开了她，她已经不记得妈妈留给她的感觉，只是从奶奶口中知道妈妈离开爸爸和她，跟别人跑了。听得出奶奶又把怨和恨深刻地描绘给了玲玉。玲玉很排斥亲妈妈。这也唤起了我的强烈的母性，想要保护这孩子不受一点伤害。我也不想勉强孩子，我极尽温柔对玲玉说："见和不见都由你自己选择，老师尊重你的选择。妈妈当年的离开，也可能有她的情非得已。但是能看出来，妈妈是爱你的。我们的内心有的时候可以试着去爱，用爱来化解恨。"我们谈了很多，末了，玲玉信任地看着我说："可以见一见。"善良的玲玉成全了当年离开，未尽到当母亲的一点责任的心怀愧疚的妈妈。我让她两个坐在我面前，当着我的面儿聊，一是孩子还小，不知道怎么应对大人复杂的关系，二是母女多年没见都很生疏，得有人牵一下联系的线。妈妈见到玲玉，激动地想拉她的手，玲玉敏感地躲掉。妈妈与女儿简单的寒暄学习怎么样，妈妈使劲儿近乎奴颜婢膝地找几句无关痛痒的话，问能不能经常见玲玉，玲玉也拘谨而谦卑地说："不用了。"上课铃打响了，玲玉跟我说："老师，我回教室上课了。""好的，去上课吧。"我尽量微笑着，不让孩子看出我内心的波澜。说实在的，对于一个不管什么原因而没尽到当妈的责任的妈妈，我也是有气甚至讨厌的，但我更考虑的是玲玉在相处中能得到多少感情的滋养，而不是情感的羁绊，相处的为难，学习的分心。我也同玲玉妈妈分享了我的真实想法，她也认同。后来，玲玉妈妈也加了我的微信，表达了她对我的感谢、感激之情。也给孩子买了几次礼物如衣服之类的，玲玉也欣然接受。当然，为了不引起玲玉养母的误会，我也是煞费苦心，同她和玲玉多次沟通。玲玉对我说："现在的妈妈待我很好，在我心里只有这一个妈妈。"我也传达给了现在的妈妈，她也很感动，后妈难做。我想哪一个后妈听了这样的话语都是欣慰的，这是对她付出的高度肯定啊。赶巧的是，我们正举行一个父母和孩子之间书信的回归传统的活动，在班会时谈感想。玲玉大方地分享了自己近日的感受，她说："我感到很幸福，我的妈妈是世界上最好的妈妈，尽管她是后妈。"我把这段讲话也录了短视频发给玲玉的后妈。愿这对有缘分的母女都被彼此感动着。

她总是笑脸迎人，和同学交谈时也是笑容满面。她认为，微笑可以治愈一切，康德也说过："有三件事可以让你忘记生活的疲倦：微笑、睡眠和希望。"所以，微笑的魔力是非常大的，它可以让别人认为和我交谈是一件很不错的事情。

在一次推荐自己参加"最美少年"的活动中，玲玉这样写道："乐观、积极向上也是我的性格特点之一。在遇到困难时，我首先会想到最坏的方面，可又转念一想，横竖都是这样了，事情做过已经无法挽回了，坦然面对困难，也许会有不一样的事情发生。记得在一次考试中，我和同桌没有做完试题，可老师已经收上去了，我俩在上课铃刚刚打响时做完的，还没来得及交，在上第二节课时，同桌一直问我怎么办，我当时已经想好了最坏的情况，所以，一脸坦然地对他说没事，让他放宽心。但是我转眼一看他，就看见他额头鼻尖全是密密麻麻的小汗珠，摊开手掌全是汗，但指尖冰凉，我安慰了他很多次，但都没有效果。终于等到下课，我们交了试卷，老师也没有责备我们，他交完试卷后愣了一下，连连说我心态好。"

在班里作为卫生委员的她，有着班干部应该有的最大的特点——负责任。谈及负责任，在寒假时她按照老师发的班里同学的家庭住址来给每个人分配卫生任务，好让同学们在打扫卫生之后放学回家有个伴。她从初一开始，每周周五都向老师汇报这周打扫卫生的情况，并给出建议，下周打扫时注意调整。

在中午，她还要保证每个同学都吃到饭，有的同学没带饭盒，她去帮他们借了之后再帮同学们盛上饭，再自己坐下来吃饭。除此之外，我还照顾班里的四盆绿植，每周定量浇一次水，让它们长得枝繁叶茂。

在班里乐于助人，只要玲玉能帮的都会帮。比如有同学没有带文具，她会毫不犹豫地借给他。还有同学生病落下了一节课，她会自告奋勇牺牲午休时间帮他补课。

不仅在班里乐于助人，在家里她也是妈妈的好帮手，她通常会帮妈妈做一些力所能及的家务，比如收拾书柜、拖地、扫地、洗碗……

虽然她在学习上还有一些欠缺，但是她会努力弥补的，会做得更好。

看我们的玲玉，乐观向上、认真负责、积极努力，这样的玲玉我放心了。

附：玲玉写给我的一封信

亲爱的姜老师：

您好！

这封信已经拖了几天了。提笔又放下，不知如何写起。

想到我第一次见您的时候，是新生报到那天，我和同学们一样排在队伍的后面，您走过来，我抬起眼刚好看见您，您穿着长裙，散着头发，目光柔和，非常和蔼。我问了您一句话："您就是我们的班主任吗？"你点头回答道："对呀"。我心中一阵狂喜，刚入学懵懵懂懂，想遇到一个慈祥的老师，没想到梦想就成真了。

您带我们去二楼教室，写下您的姓，"美女姜"，我就觉得，和您一定相处的很好。果然，您无微不至地照顾着我们，一些小事您也用心地关照。我就觉得，您是一个负责任的老师。

我没有想到，您和我们在一起已经有一年的时光了，回想起这一年，眼前全是您的慈祥。

想到您的慈祥，我就想起了一件事，记得清清楚楚，那是一个星期四的下午，我准备要去上体育课，您把我叫到办公室来，我一眼就看到了立在凳子旁边的她，我惊呆了，我和她已经好多好多年没有相见了，我一点都不想叫她母亲。就连在您身边坐着，也是离她很远，我都不知道怎么和她说话，气氛一度尴尬。是您先说起了话，解释了一下，缓解了气氛，您说着话在我们俩之间搭桥，让我没有对她那么多成见，最后您还给我们聊话的时间，顿时很感谢您，在小学的时候，也没有老师像您这么平易近人，我的心中顿时有了对您的崇拜之情。

您对待我们的学习一丝不苟，早上总是早早地到达班级，比许多同学都来得早，盯着我们早读；讲课时，您严肃，您认真；中午我们在睡觉时，你还辛苦地批着我们刚做完的卷子；晚上放学时，您总是最后一个走。您的敬业精神深深地感动了我，在我心中的形象顿时高大了起来。

在打扫卫生时，您和我们一起打扫，监督着我们，不顾灰尘的呛鼻，还拿起扫把和我们一起扫。还记得寒假即将到来的一天，我留在教室里和您一起打扫，您扫着地，我检查桌洞里的垃圾，您扫着扫着唱起了歌，您的美妙的歌声，顿时让我充满了动力，检查得更卖力了。

三年的时间感觉没有那么长，一年的时间已经成了回忆，我要珍惜和您在一起的时光，努力完成您交代的任务，不让您失望，我会加油的。

敬祝
身体健康　事业顺利
您的学生　杨玲玉
2019.8.31

感悟与思考

拂　尘

人生就是在不断地找寻，不断舍弃，在获得和放手的循环往复中螺旋式前进。在物欲横流中风驰电掣，难免心灵蒙尘。

"杂物管理咨询师"山下英子提倡：断、舍、离。断：断绝不需要的东西，不买，不收，不取。舍：舍弃堆放在家里没用的东西。离：脱离对物品的执念，了解自己的真正需要，创造游刃有余的自在空间。通过重新审视自己和物品之间的关系，顺便与自己内心的垃圾说再见。

又读了舛田光洋的"扫除力"一书，说到，通过扫除产生的魔力，不仅包含有外在的清除改变磁场，并且包括内心的自省，从而达到良性磁场的塑造。通过清理房间外物，刨磨出你自身的光泽。这让我不免想到人生的加减法。不断获得的荣誉，得到的房子、车子、票子，都是人生的加法，实现了一个又去追逐另一个。得到了暂时的心灵满足之后，又是长久的不满足，欲壑难填。而陈省身先生，美籍华裔数学家，他有一个非常有趣的数学人生法则即数字的一个重要作用，九九归一，化繁为简。简单不是指内容的贫乏，而是一种繁华过后的深刻自省，一种趋繁就简的人生境界。大道至简，越是真理越简单。

断舍离掉物质的牵绊，清除物质甚至垃圾的同时，心灵也会被拂尘得到净化。负能量被清走，正能量留存，从零开始，无负担不负重，做自己心灵的主人，不陷入别人的引力圈，让自己的引力圈更有魅力和感染力。自己主宰自己的引力圈，决定磁场的能量团。用自己的轻松幸福，去感染到周围更多的人。

在 路 上

生命不息，奋斗不止。这么熟悉又口号式的一句话，两个词，却道出了人生真谛。只要生活只要有目标，就一定会像一个陀螺一样地去转动，停不下来。哪怕是没有目标，没有明确的目标，也会因生活这个大齿轮的转动惯性而奋斗向前。

而正当我们都在奋力向前的时候，倩倩身体突然查出了白血病，令我们始料未及。一向那么健谈而又健硕的倩倩却突然远离我们去治疗，而且与我们断绝了一切联系，这令我们猝不及防。知道消息后有些日子才悲从中来。伤心、难过地哭了一场。反应接受得如此迟钝，因为这无法相信的事实。这让我对健康又有了重新的审视和更进一步的认识。健康的"1"如此重要，"1"的轰然倒塌，使后面建设的零荡然无存。对生命的要求从绚烂多姿丰富多彩，一下子就能降为生命能够寿终正寝就好，活着本身就是上天最大的恩赐。比起健康地活着，其他都微不足道。曾经那么努力用力地工作生活，一度认为努力到无能为力，拼搏到感动自己。曾经马不停蹄，风雨无阻，工作了 20 年，努力了 20 年。曾经迷茫过，跌倒过，曾经小成功过，小失败过，曾经欢笑喜悦过，悲伤难过过，却从来没有停歇过。如此看来，努力是人生的巅峰，而活着保命才是人生的基本。这之间差的只是一个健康的身体，正是一个健康的身体。只要生命健在，思想就会活跃在奋斗的领域啊。

又有人说世事美好，唯读书和运动不可辜负，当然在健康的前提下。读书修内，运动修外，一切随心而行吧。

慢

世事繁杂，忙忙碌碌，像个被快鞭抽打着的陀螺一样，停不下来。

此时的做事只求做完，只求说得过去，应付得来，而不是做完美。任务布置下来，一般都是急活。不是急活的话也会一直拖着，直到临近才做，把不急的活变成急活儿。急速时代，浮躁心态。

有这样一个故事：

一只小老鼠在路上拼命奔跑。乌鸦问它："小老鼠，你为什么跑得那么急？歇歇脚吧！"

"我不能停，我要看看这条道路的尽头是什么模样。"小老鼠一边回答一边继续奔跑着。

一会儿，乌龟问小老鼠："你为什么跑得那么急？晒晒太阳吧！"小老鼠依旧回答："不行，我急着去路的尽头，看看那里是什么模样。"

一路上，问答反复。小老鼠从来没有停歇过，一心想达到终点。直到有一天，它猛然撞到了路尽头的一棵大树桩。停了下来。

"原来路的尽头就是这棵树桩！"小老鼠喟叹道。更令它懊恼的是，它发现此时的自己已经老迈："早知如此，好好享受那沿途的风景，该多好啊……"

享受沿途的风景，享受生命的过程，这是多么美好却被忽略的事啊。多少人为了事业、金钱、名誉、地位等，一路呼喊狂奔。我们脚步奔跑的速度远远超越了灵魂前进的速度，慢下来，再慢下来，让疲惫的心灵小憩一下，让自己的灵魂回归自己的身体！减缓步伐，用脚步去丈量脚下的土地，用双眼欣赏沿途的风景。

有一首歌《从前慢》，歌词这样写道：

> 记得早先少年时
>
> 大家诚诚恳恳
>
> 说一句是一句
>
> 清早上火车站
>
> 长街黑暗无行人
>
> 卖豆浆的小店冒着热气
>
> 从前的日色变得慢
>
> 车马邮件都慢
>
> 一生只够爱一个人
>
> 从前的锁也好看
>
> 钥匙精美有样子
>
> 你锁了
>
> 人家就懂了

多么令人神往而又求而不得的从前，因为"慢"。

快会让人错失很多东西。可是我们早已习惯了忙碌，因为在被现代生活的压力所带来的沉重感压迫时，只有拼命不断地向前进才能驱赶沉重感，在这种惯性里停不下来，即使有巨大的库存也不能够使得脚步慢下停下，慢条斯理地生活早已成为一种奢侈。

其实，像歌曲有韵律一样，张弛有度的生活才符合生活的规律。让生活的律动慢一点，用节奏的慢来舒缓心情的急躁，它意味着耐心、细致、沉着、稳重、执着、坚韧、冷静，以此来感受生命生活带来的快乐！慢下来，让我们关注心灵，在工作和生活中适当地放慢速度，它不是拖延时间，而是让人们在生活中找到平衡，劳逸结合，提高生活质量，提升幸福感。我们可以从慢心态、慢饮食等各方面入手。慢是一种意境，一种自然回归，它是隐藏在内心深处的恬静与沉着，让人感觉轻松和舒展。

淡泊宁静，和谐有序。

我的学生观

学生都是好孩子！

班里的学生犹如一棵棵小树，在成长的过程中有旁生的枝杈，老师、家长帮他们修剪掉，只有不断修理，才能长成参天大树！学生能懂，都是好孩子！

作业偶尔忘记带回家了没完成或者在家完成了又忘记带来了，给老师澄清事实，下次记得改正，也是好孩子；课上偶尔交头接耳、走神儿、做小动作被老师发现，下次改正仍是好孩子；下课后，兴奋过度，上蹿下跳，脏话出口，因小碰撞大打出手，甚至找人打群架……最终知道了"冲动是魔鬼""绝不再犯"，把脏话扔进"垃圾桶"……浪子回头金不换，知错能改，还是好孩子！

年轻是资本，犯错淘气无可厚非，想改、能改、改了，都是好孩子！

我的座右铭

我的座右铭是"心怀梦想、脚踏实地"。

"心怀梦想"指的是孩子在校的三年时间里，在家长的配合下，老师要充分挖掘出学生在多方面，尤其是做人、学习方面的最大潜能，使家长、老师、学生无后悔遗憾的地方；"脚踏实地"就是踏踏实实、用心做人做事。

有人提出：最大的自私就是努力工作，也很有道理。工作是为了教育事业，为了同济中学，更为了自己，为了自己尽心尽力，为了自己的心安理得，为了自己的受之无愧，为了自己的不遗憾、不后悔。脚踏实地地用心工作是一种态度，更是一种方法。有时对学生的自制力差、心浮气躁、不用心、不明理、不懂事等缺点尤其"不喜欢"，"不喜欢"附带着更多的不理睬、不管理、任其发展和我的任务我完成、你的任务你来做的无奈与"潇洒"！殊不知道理都一样，一分耕耘，一分收获！少几分用心便多几分忧思。有时学生不出问题，往往是危机四伏的表现，出问题是很正常的，所以有问题不要心烦气躁，静心、耐心、用爱心去解决问题，所以想想座右铭也能时刻提醒自己教育不是万能的，但不教育学生也是万万不能的！

多谈一次心，多单独给学生开个小灶讲几个题，正如闷热的屋子多开几扇窗，学生的心灵得到了清新净化，知识也得到了提升。

我的"雕虫小技"

班主任工作千头万绪，千难万难，相信方法总比困难多，所以用心施展了几点"雕虫小技"。

一、给学生高位定位

（1）学生入班的第一堂课，我便会故作神秘地对大家说："告诉同学们一个秘密，咱们班抓的是平行班的第一组，你们每位同学都是每个班同名次里最高的，所以咱们班的整体是 No.1，以后咱们要保住咱们的宝座……"到这个班的学生便觉得格外的荣耀和有分量，由于悄悄地知道了自己如此高的定位，便有了心理暗示作用。所以我们也确立班级的目标和班级口号为"没有做不到，只有想不到，只要有梦想，我们就能实现"。

（2）想让学生达到什么样的程度，就表扬他到什么样的高度。班里的宫义卓、周国振同学一直坚持给在学校院里住的吴奶奶打水拖地，在一次公开课上我趁着讲"怎样确定位置"，找有序数对时，让同学找到了这两位同学的位置并表扬了他们。从那以后班里学习这两位同学做好人好事的人越来越多，这两位同学也表现得越来越积极，已被正式推选为生活委员，关心呵护需要帮助的同学并承担了监督同学们的健康饮食等任务，既锻炼了能力，又提升了个人品质。

二、假传"圣旨"，善拟信息

这也属于善意的谎言，比如想消灭"不及格"现象，便假托刚接到通知：考试不及格到初三统一补考，补考过不了的不发毕业证；比如督促学生"不上网、不谈男女朋友、不吸烟、不饮酒"等，便拟称素质报告单上一旦有了以上作为的记录，即便考上高中也会被记录在案……学生也无法预知未来路上的未可知性，肯定会在后来的日子里有所收敛和注意。

三、利用舆论的作用

本着不抛弃、不放弃任何一名同学的想法，班里按上、中、待优生蛇形排队，分成十组，每组六人，组里的总水平基本相同，按此安排座位，并进行比赛，每组里有两名优等生，两名中等生和两名待优生，生生之间互帮互助。如果组里同学有不完成作业、违反纪律等现象，那么周会时这些同学将会公开接受本组和它组对他的帮助和督导。记得对赵福顺等几名违反纪律的同学帮助时，学习委员杜鹃诚恳地对他说："我们每个人开始都是'天使'，可是由于你不完成作业，违反纪律，往'天使'的身体里注入黑色血液，变成了'魔鬼'，我和同学们都期盼你再变回原来的那个'天使'。"同学们报以热烈的掌声鼓励赵福顺改正缺点，赵福顺同学也表达了自己重新来过的决心。在温暖人心的话语里，在强大的舆论下，与"邪恶"沾边的东西都无从藏身，无处立足。

　　班会确实是很好的舆论阵地，还有一次，每组里推选两名学习最刻苦的同学上台发言，上台发言的同学大都真诚地感谢组里帮助他的同学，到了吴胜男同学上台发言的时候，她紧张地刚张口说"感谢"两个字之后便只是哭……这让我反思：应多给这个内向的孩子发言和锻炼的机会。还有姜春雪同学也上台发言了，姜春雪让我顿时回忆起了她前几个礼拜刚从原校转来时的情景：留着长指甲且染了颜色，大冬天却内穿吊带，外穿成人黑色风衣，头发烫着离子烫……很特殊的一女生，我便给她介绍了同济中学的日常行为规范规劝其改正，第二天上数学课时我让她回答了问题，她声音洪亮，我便带领全班同学为她加油鼓劲儿，并号召同学们像爱护自己的亲姐妹一样帮助她、鼓励她……可是第二天中午，班门口来了来自初一、初二、初三各年级穿着各异、发型各色的好多男生，据说是来找此女生的，此人"能量不浅"啊！于是，我把她叫到办公室询问情况，她说是在网上认识的……说话时她突然说："老师，我想转班！""转几班？"我一惊，"给个理由吧！"我不动声色地说。她平静地说："我不喜欢你！我见到你就恐慌！"我顿时觉得很受伤害啊，从业十余年来即便是有学生不喜欢，哪有直接说出口的，这难道是新形势下的"明朗"的师生关系？不过，我还是想跟她谈谈，"你从昨天进咱们班，我说过伤害你的话么？""没有"。她说，"我做过让你接受不了的事情么？""没有"她又说。"那么你进了咱班后，我让同学们都关心帮助你，你回答对了问题还集体为你鼓掌，那你何来不喜欢我之说呢？"她说："这是我的问题。"我想了想，觉得应该给她一个"自撞南墙"的机会，便说："孩子，当你说要转班时，咱俩的缘分就尽了，但是我因为曾经做过你两天的老师，你遇到什么困难，我还会尽心竭力地帮助你的……"听到这番话的时候，我看到她的眼里噙满了泪水，一把鼻涕一把泪说是一时冲动，恳求不要转班了。在之后的日子里，她有了优点我就表扬她，有不足我便开导她，不管她是否愿意听，但我在付出，在"不看眼色"的付出……在今天的班会上她竟然被推选为组里最用功的同学，我有点诧异她的变化如此之大。她发言说："感谢老师，感谢同学们对我的帮助，为原来自己曾有过的幼稚的想法恳求老师的原谅……"我一看是时候解开心结了，便开玩笑说："原来你不喜欢我，那么我问问现在你是喜欢我、喜欢我还是喜欢我呢？""喜欢您，喜欢您，老师我真的喜欢您！"她几乎喊着说……

这场班会实际上已经由最刻苦的同学发言变成了一场真正的感谢会，我心里也感觉到了些许欣慰，"心存感激，感恩那些帮助过我们的同学，感恩老师，感恩父母，拥有一颗感恩的心，也一定能做一个有责任心、有担当的人。"我总结班会的同时也打心眼里喜欢这群孩子们了。

通过舆论的阵地，使同学们更加找到了真善美的真谛。

四、成全学生的愿望

考试前夕，为给孩子打气加油，可以先由班干部把满足学生合情合理愿望的想法散播出去，保持原来的 No.1，可以有一个基本愿望，一个单科 No.1 加一个愿望，有单科超过实验班的愿望加倍……同学们在紧张、严肃的学习环境里还能有"意外收获"，便在考试前"摩拳擦掌、跃跃欲试、加紧努力"了……其实孩子们的愿望很简单，上次期末考试提出的两个愿望是：老师能不能不拖堂和午自习后在电脑上听听励志的歌曲……我也让他们如愿以偿了。

五、尽量避免"抄作业"问题

家庭作业抄袭是学生偷懒避罚、迅速完成作业的"捷径"。尽管班里再三勒令禁止抄作业，但仍然有好多同学抱着侥幸心理，铤而走险，以身试法。教育从来都是家长与老师、孩子共同努力的结果。因此班里提出：昨晚多几分钟的准备，今天少几小时的麻烦。我班的签字本是家长和老师之间联系的纽带和桥梁，晚上能完成，避免了早上来了抄作业，学生把每天的作业记在签字本上，并且组长负责检查漏没漏掉，晚上完成后由家长签字，第二天交上签字本，老师签阅，把孩子没完成的消息要及时反馈给家长，希望家长在家监督。班里有个叫李佳福的同学总是不完成作业，每天每日，可谓"屡教不改"，可他的妈妈却特别关心他的学习，如果我批阅回的是"完成作业方面有进步，但是作业不认真，有应付的嫌疑！"她会真诚地回签："字写的还是不行，我会督促他写好，谢谢老师认真负责的态度。"可是即便家长和老师之间联系如此频繁，李佳福总有不断的花招出现，他的签字本上的作业总记不全，他组里的组长杨玉霞和周寅超轮流帮他记录，并且把李佳福在校的表现详细地回签到签字本上。有一次组长杨玉霞这样写道："周末完成作业不好，好几科都没写，并且组长辛苦记上的作业，却被他划掉了，回家骗您，希望您可要仔仔细细检查作业，不写作业的行为还不算太恶劣，可是改作业欺骗家长、同学、老师，就太不应该了，希望下次可以好好完成。尤其是英语更要认真完成，整天蒙，就欺骗您不懂英语，您的儿子最常跟我说的一句话就是'都是蒙的，有什么好看的'，希望他好好努力，加油！"落款是杨玉霞。家长回答："我一定再仔细一点检查作业，让老师和同学们费心了，谢谢你们的提醒，我一定让他听英语录音磁带，希望你们一如既往地帮助他，谢谢了。"以签字本为纽带，在家长、小组长、老师的共同监督下，李佳福也确实有了很大的进步。

此外，在班级每天下午第一节课前的宣誓中，原来是分成了四部分：第一部分强调集体事项，集体最大，个人利益和集体利益发生冲突时，个人利益无条件服从集体。誓言是这样的：我们是初二·三班的一员，三班是我们学习战斗的集体，我们要在这里努力拼搏、积极进取、永不言弃。第二部分和第三部分是具体的做法和努力方向：我保证，尊敬家长，尊敬老师，团结同学，不搞特殊；我保证，认真完成老师和课代表布置的每一次作业，保质保量，绝不晚交；我一定做一个品德高尚的人，做一个勤奋努力的人，做一个有理想、有志气的人，做一个不怕困难、克服困难、勇于攀登的人，我要让二·三班因为有了我而自豪。第四部分是对自信的培养，人之所以能，是相信能：我自信、我努力、我进取、我成功！因为抄袭的现象还偶有发生，所以班里又把誓词第二部分的作业绝不晚交改成了绝不抄袭，以警醒每一位学生。

六、让学生懂你的爱

我时常对同学说："世上有两种人最爱你，那就是父母和老师。父母还在年老时等着你孝顺回报，但是老师却是无所求的。你有闪光点及时表扬你，你有缺点错误时批评指正你；你不好时要求你变好，你好时要求你更好；不管你现在愿意不愿意，现在懂得不懂得，以后总会懂得……老师就是硬要为你好，对你好！你能好没有好到预期的程度时，老师都会恨铁不成钢，这就是老师"死缠烂打"的付出和爱，无所求，只要你好，只要你变好！"

其实让学生体会得到才是真正的好。

七、注重工作态度和工作方法

教书育人是我们一辈子要从事的工作，更是事业，要拥有一颗平常心，切莫真生气，万病从气始，所以拥有健康最重要，身体是革命的本钱，在新形势下的师生关系里，要避免体罚学生，这是对学生的一种尊重，更是对自己的一种保护，也不要给领导添麻烦。其实，师生之间以爱为中心，在爱的光环里，一切的不解、误会都会化解开。

最后，让我以"心怀梦想，脚踏实地"为心理契机，以班级誓词的最后一句来结束我的总结：我自信、我进取、我努力、我成功！

我的教育情结

在班主任的教育管理中，我与学生共成长，我始终坚持以下几个观点。

一、做人

我对我的学生说：我想让我的孩子是什么样子的人，我希望你们也是这样的孩子，我陪着大家一起努力……

除了必备的善良、正直、诚信、宽容、坚毅、勇敢……等等优秀品质外，尤其注重对以下品格的培养，如不卑不亢、自信自强、勇于表现、追求卓越……

（1）不卑不亢。

你是世界上唯一的你，不可复制，无可替代！

比你优秀的人你要学习，谁优秀你学谁，比你落魄的你要帮助。任何环境不能成为你依附别人或打击别人的理由！你就是你，自信自立自强的你，做好自己，最棒的自己！

（2）勇于表现、追求卓越。

于丹老师有句名言："是英雄表现出来，是人才体现出来，是蠢才显现出来。"

学生毕业后，尤其是毕业多年的学生知识有很多已遗忘，能力却是"根深蒂固"的……能力是学生进入社会后安身立命、谋事立身的主要依据。

数学课时，让他们讨论发言，讲题练题锻炼他们的能力；音乐课上，我也给同学们鼓励助威！班里涌现出了一批优秀的"讲课能手""优秀课代表"……

二、谋事

耐心地与孩子们交流学习的方法、劳动的技巧、交友的选择……使孩子们养成良好的做事和学习习惯！

师者，所以传道授业解惑也。"传道"，要求老师言传身教，传授知识的同时培养学生的人格品质；"授业"，传授基础知识与基本技能；"解惑"，学生通过主动学习提出他们的疑惑，老师要有效地解决知识的困惑。

与孩子们在婴儿期幼儿期相比，耐心的教授太少了，做错后的批评太多了。尤其和学生谈心应该结交什么样的朋友？你想变成什么样的人，你就和什么样的人在一起！学会拒绝别人，保护自己！

人非圣贤孰能无过？过而能改，善莫大焉。错了，改了，都是好孩子！学生都是好孩子！

三、团队精神

这里是我们的集体、我们的家，大家是兄弟姐妹，互助互爱，不求锦上添花，但求能雪中送炭。

我一直给同学们说：合情合理合法的事我们去做，不合情不合理不合法的事我们不去做！

我们是同济中学的一员，同济中学是大家，班级是小家，不说任何有损于同济中学和班级的话，不做任何不利于同济中学和班级的事。

因为当你嫌弃抱怨集体纪律乱或者卫生差的时候，你也必然是人们嫌弃它的因素之一，使它成为别人厌弃的理由之一，你包含于其中，分择不清。

四、我的专业我做主！我与专业一同成长！

数学是一门严谨的课程，来不得半点的马虎，要有专业的态度！

（1）向每一位老师学习；

（2）与时俱进，注重细节及学科的综合，例如：勾股弦、正弦、余弦中的弦 (xian) 字的发音，矩形的矩三声的发音，等等；

（3）细心评课，青蓝工程结对，尽绵薄之力。

五、一些来自于我身边的感动

很多年前，很多学生叫我"姜姐姐"，后来的学生叫我"姜妈妈"，在不久的将来肯定会升级成慈祥的"姜奶奶"，可是在爱的感召下，我愿意让爱延续下去，无怨无悔！

六、做幸福的教师

从教二十年，我也一直在思考，在教书育人的过程中有多少做人的幸福感，为社会呈现了多少价值？

高中没毕业的哥哥对我说：幸福就是快乐！一日一快乐！一日不快乐，终生不快乐！快乐的时候让快乐加倍，不快乐的时候要寻找快乐。幸福是寻找的，麻烦是自找的！

而饱读诗书的我、我们怎么认为呢？后来，我也慢慢地领悟到：幸福就是想吃的时候能吃得下，想睡的时候能睡得着，想早来学校没有琐事的羁绊能早早地来到学校；幸福就是常态与非常态的结合；幸福就是小忙后的心灵休憩；幸福就是抱恙后的健康、平安；幸福就是比较后的知足常乐！

幸福就是即便在很平静的时候快乐也会从心底不断地涌出来。幸福就是简简单单！幸福就是平凡人以平常心做寻常事！幸福就在我们身边！一直都在！

提醒自己和你身边的人记得幸福！让你身边的人因为你的提醒感到幸福！让你身边的人因为你的存在而感到幸福！做幸福的教师，让学生因为你的存在而感到幸福！

人生更像一条开口向下的抛物线，横轴表示人的寿命，纵轴表示人的社会价值（对社会的正能量），每个人都有一个属于自己的抛物线解析式。不管最高点有多高，最终还是会回到最初的横轴。不同的人生，有着不同的时间长度、不同的轨迹高度，长度是上天安排或不可预知的，高度却需要自己去完成！我也希望我们处于对称轴的左半部分，因为这半部分代表青春，有活力，有能力，有魄力，是潜力股上升趋势，永远在攀援，努力向上，追求卓越，没有最高，只有更高！

我也坚信，我们都应该坚信：越努力越幸福！

家校社共育与家长学校建设

一、家庭教育的重要性

习总书记在 2015 年 2 月春节团拜会上引用了孟子的"天下之本在国，国之本在家，家之本在身。"家是最小国，国是千万家，小家连着大家，连着国家，家庭教育已不是家庭的私事，这也是我们一直兼承的家国情怀，家国逻辑。

二、家长学校的建设

家庭教育需要家长的不断成长，开展家长课堂，着力于家长学校建设的开展。从这一届与往届家长相比，家长其实进步了很多，比如，家长会的不缺席、家庭作业的跟对核查辅导、第二套校服定制自愿的群里接龙等都体现了家长对孩子的关心，与老师和学校的配合已经提升到了一个新高度（当然也有利于学校老师的培养）。

开车需要驾驶证，但是家长没有任何培训的情况下都做起了家长，做起了孩子的第一任老师。每个家长都存在着不知如何更好地管理孩子的困惑，所有家长都是第一个需要受教育的人。如何释惑？其中一个渠道就是学校开展家长课堂，为家长答疑解惑，让家长得到精神层面的洗礼，特别指出家长课堂召唤父亲的本位回归。

三、把家校社共育看作是一次德政工程

没有家长参与的教育是不完整的教育，没有家长参与的学校只能是传统学校，而不是现代学校。习总书记在 2018 年全国教育大会上指出，"办好教育事业，家庭、学校、政府、社会都有责任。"格局之高前所未有。对于老师而言，教育就是用爱点燃，点燃孩子内心的驱动力；对社会而言，有信仰、有底线；对学校而言，在进行学校家长建设时，要给家长实践的平台，让家长参与到学校、班级的共管教育中来（参考周围兄弟学校和其他家校社共育示范学校的做法）。我们也可以借助家长之力，好风凭借力，送我上青云，更轻松更全面地管理班级，发展学校，比如上课时可以邀请家长来听课，监督课堂；分饭时可以在班级群里招募志愿者服务；班里搞"最美教室"活动时，让家长参与并督促；班里的倡议可以由家长发出来，等等。事实上有许多家长也愿意参与监督，现在本年级二班的一位家长在班级群里直言："你们负责教学，其他的事我们来。"

教育是前置，不是堵窟窿，高瞻远瞩立平台，家校社配合方能共育英才。相信学校未来的发展一定在你我的想象之外。

学习"师友互助，和谐校园"有感

每一次学习，都有一份沉甸甸的收获和对未来更多的憧憬与些许的期待。

我主要说一下受到的启发，引起的思考，向往的教育情怀。

一、无惧改革

"教育是一门艺术，艺术的魅力在于创新。"不当指手画脚的评论家，争做改革的实践者。锐意改革，不断创新，与时俱进，与人俱新，才能永葆教育的魅力。改革是痛苦的，但改变是必须的，正如"鹰的重生"视频中所言，通过改革而获得重生后，我们方能去领略万物新的长度和高度，鱼翔浅底，鹰击长空，做自己，做努力改变的自己。窦桂梅老师说：想都是问题，做才是答案。

二、育人育己，爱为翅膀

由"教书育人"到"立德树人"，要执着于为国育才、为党育才。百年大计，教育为本，可以加上百年教育，德育为先。

教育如同一把火，始终都有道德标准的约束。注重学生的正三观，内化素质修养，行为习惯，注重培养学生的浩然之气，刚毅之气，果敢之气，是大义大德造就的一身正气，在修身齐家治国平天下的目标里更要锁定后两个。

不能执念于成绩，注重成绩更要注重孩子做人的培养。一个成功的人不拼财力、物力，拼的是观念、思维方式、生活方式和处世方式。

一个成功的班级总着力于做人的要求，如孙维刚的班训：一个人来到这个世界是给别人带来美好的！李镇西的班训是：让每一个人因为你的存在而感到幸福。

教育是"农业"，是"好雨知时节，当春乃发生"。因为是"农业"，所以人们现在喜欢用"不同的花期"来形容不同孩子"教育接受力"的不同，用"静等花开"来表述对不同孩子的不同期待。作为老师，在忙碌的撒播希望，给学生以激情和力量，通向诗和远方。其实老师育人的同时也是在育己，在育人育己的过程中，没有一件事是用爱解决不了的，如果有，那只是爱的方式不对。

三、"师友互助，和谐校园"模式

"师友互助，和谐校园"模式和小组合作学习模式的异曲同工之处：

（1）关注人，学生是主角，课堂是展现的舞台。六字箴言：自主、探究、合作。自主学习，独立思考，形成自己的观点，不会的标记。互助前一定先是自己思考，不准打断师傅的思路，影响师傅学习。设置的互助提纲：1）简单问题：为了满足同学们的成就感，为了激励学生持续学习的热情和兴趣。2）中档题，略有难度，跳跳脚能够得着，这是设置问题的上线。

（2）捆绑式，学习不只是一个人的事，是会拖累到别的同学，尤其是爱你、帮助你的同学。学习是一种责任，是一种担当，是一种集体荣誉。

（3）评课机制中都有班级公约积分的限制，都有物质奖励与精神奖励的结合。

（4）表扬是最廉价、最有效的奖品。

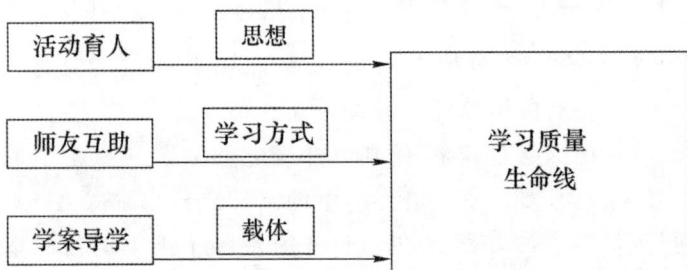

```
┌──────────┐   ┌──────────┐
│ 活动育人 │───│  思想    │──┐
└──────────┘   └──────────┘  │    ┌──────────────┐
┌──────────┐   ┌──────────┐  │    │              │
│ 师友互助 │───│ 学习方式 │──┼───▶│  学习质量    │
└──────────┘   └──────────┘  │    │  生命线      │
┌──────────┐   ┌──────────┐  │    │              │
│ 学案导学 │───│  载体    │──┘    └──────────────┘
└──────────┘   └──────────┘
```

四、根性教育

一是立足于儿童的天性，即先天之根，遗传之根；二是立足于我们中华民族优秀的传统文化，有着对祖先和历史的敬畏。"我是谁、我从哪里来、我的家在哪里？"，每一次都是根的寻梦之旅，不仅仅是家族团圆、找寻族谱、找寻先祖和亲人，更是寻找家族之梦、民族之梦的家国情怀。从根出发，为了孩子一生的幸福和发展奠基。

教师的根在教育实践，必须气沉丹田，咬定青山，不跟风，不盲从；根扎得深，风雨中才能巍然不动。心灵在何时都不能荒芜，应像绿洲一样宁静宽广。心中怀有知识、悯情、人道，与学生那纯净的心灵相遇，才会焕发出生命的气息，产生智慧的对话。

你目光晴朗，心域敞亮，吐纳着清新的氧气，精神之树将会常青。

学习地点：上海华东师范大学

汇报人：德州市同济中学 姜连荣

学习程序：（1）明确学习目的；（2）深化学习内容；（3）梳理学习成果；

（4）践行学习经验。

学习关键：学以致用，学有所成。

学习关键字：（1）思；（2）领；（3）变；（4）新。

学习关键词：（1）思索；（2）引领；（3）求变；（4）创新（强调：不日新，必日退）。

学习关键语：我们要成为仰望星空的思索者，脚踏实地的践行者，与时俱进、与时俱新的逐梦者！

7月27日至8月1日，在张校长的带领下，赴上海华师大学习一行16人，收获颇丰。

学习印象最深的一是应峻峰教授的学习成效金字塔，塔底是 Teach others（教别人）学会90%，确定了小组合作的重要地位；二是唐汉卫教授以台北奎山特色学校为例，引发关于学校文化建设的思考。基于第二点，我要跟各位分享的是：

做生活化的教育
—— 赴上海华师大学习有感

学校文化最大最根本的价值就在于它使学校教育名副其实，使一个学校真正站立起来，真正作为一个有其生命的活的存在，使其散发出人性的光辉。

—— 题记

从奎山校园一系列的生活化的设置，让每个孩子都有方方面面的生活的体验。"新奇的眼光，快乐的心情，忙碌的双手，智慧的创造，拥有小小的世界大大的乐趣，短短的时间长长的留恋。"让我在为奎山校园教育点赞的同时不禁思考：校园，是应对管理者的方便？还是满足孩子的需要？满足孩子的发展？

学校不止承担着教书的职责，更重要的是育人、化人。一流学校教人，二流学校教书，三流学校教"应试"。而实施素质教育创办一流学校，也一定要求学校一切工作必须以人为本，必须坚持学生发展为本。教育的真谛就是当人忘记所学之后侵入心脑的人格熏陶、科学价值、科学精神、科学方法、科学思维的长久留存，是各种学习、生活良好习惯的养成。叶圣陶先生也说："学校教育应当使受教育者一辈子受用。"

英国一机构列出了12岁之前要做的50件事，分成了冒险类、发现类、游侠类、寻踪类、探索类五大类。

寻踪类

1.抓昆虫；2.找蛙卵；
3.接落叶；4.跟踪野生动物；
5.探寻荷塘生物；
6.为野生动物盖房子；
7.从石滩中找生物；
8.养蝴蝶；9.抓螃蟹；
10.野外夜行

探索类

1.自种、自收、自吃；
2.在大海里游泳；
3.做木筏；4.观鸟；
5.野外定位；6.攀岩；
7.野炊；8.骑马；
9.寻宝；10.泛舟而下

冒险类

1.爬树；2.从大山坡上滚下来；
3.野外露营；4.筑巢；5.用石头打水漂；
6.雨中跑步；7.放风筝；8.用渔网抓鱼；
9.从树上摘苹果吃；10.玩板栗游戏

发现类

1.长途骑行；2.用棍子探出一条小径；
3.做泥馅饼；4.筑水坝；5.打雪仗；
6.用小雏菊做项链；7.赛蜗牛；
8.野外艺术；9.玩木棍游戏；10.踏浪

游侠类

1.采野生黑莓；2.探索空树洞；
3.参观农场；4.光脚走路；5.做草喇叭；
6.寻找化石和骨骼；7.看星星；8.登山；
9.山洞探险；10.用手抓吓人的动物

　　有着各种冒险，各种发现，各种探索，各种神一样的经历。或哭或笑，就算曲折也欢乐着，趣味无穷。可是家庭的教育是不尽相同的，家长对孩子的教育意识也是千差万别的，有好多家庭甚至是落后的，所以往往我们把一系列的生活化的教育放给了家庭去做，可想而知收效甚微。

　　由奎山校园的教育处处生活化、处处散发着人文的关怀，我也思考以它及己，一以贯之，由小学到中学的延伸和借鉴。

　　其实早在 2005 年王星凡老师的《中学生要做的 50 件事》便传达了这样一种理念。中学生对生活和未来有美好的憧憬，但有时他们会不切实际，会脱离生活。理想主义者虔诚地祈盼着从大起大落、大悲大喜中求得人生的壮美，他们追求重于泰山的感觉；而悲观主义者则为人生中不可承受的负担而叹息挣扎，将生命视作漂浮的轻羽，在无奈的神伤中空惜生命的飘逝。然而这些毕竟是生命的特例。当我们在琐碎而平淡的生活中探究人生的真相时，不得不承认，大多数人的生命既不重也不轻。你是与众不同的，你是唯一的，不可复制的，无可替代的，没有必要去极力模仿他人，而要充分利用生命赋予你的一切，去创造奇迹，走出一条属于自己的路。

　　王星凡老师提出的中学生要做的这 50 件事是：

　　（1）去看大海，感受海阔天空；

　　（2）告诉自己 —— 我是最棒的！

（3）为自己确立奋斗的目标；

（4）记得父母的生日；

（5）学会感激，经常说"谢谢"；

（6）勇于承认错误，真诚道歉；

（7）找一个竞争对手，时刻激励自己进步；

（8）经常微笑，快乐度过每一天；

（9）学会承受挫折；

（10）面对诱惑，学会约束自己；

（11）勤俭节约，树立健康的消费观；

（12）种点花草树木，培养生活情趣；

（13）养一只小动物，付出爱心；

（14）给父母洗一次脚；

（15）经常和父母聊聊天；

（16）在你生日那天，对父母说谢谢；

（17）拥抱你的兄弟姐妹；

（18）学会做几道拿手好菜；

（19）拜访你的恩师；

（20）广交益友，善于学习他人的优点；

（21）不摘取未成熟的青苹果；

（22）拥有一颗紧张的心，不轻言放弃；

（23）寻找自己的乐趣和擅长的领域；

（24）选择一两个喜欢的运动，长期坚持下去；

（25）珍惜时间，养成立即行动的习惯；

（26）不怕失败，做一次勇敢的尝试；

（27）制定切实可行的学习计划；

（28）掌握一定的记忆技巧；

（29）掌握必要的考试技巧；

（30）尽量避免一些细微的错误；

（31）争取当学生干部，锻炼能力；

（32）有强烈的安全意识，学会自我保护；

（33）不盲目追星，只可喜欢不可入迷；

（34）戒掉一个不良习惯；

（35）做一次深刻的自我反省；

（36）去体验一次真正的农村生活；

（37）至少有一次打工的经历；

（38）学习演奏一种乐器；

（39）每天阅读 30 分钟；

（40）走自己的路，也听别人的忠告；

（41）坚持写日记，记录成长的脚印；

（42）参加一次葬礼，体味生命的珍贵；

（43）打开心门，尝试与陌生人交流；

（44）在公共场合作一次演讲；

（45）信守自己许下的诺言；

（46）摒弃谎言，坚守诚实；

（47）与他人合作完成一件事；

（48）把零花钱捐给希望工程；

（49）对一些社会问题进行积极的思考；

（50）利用节假日，到心仪的地方去旅行。

中学生的这 50 件事，绝大多数都可以通过学校生活化的设置，多种活动的开展，有意识地让学生去完成，方式方法可以多种多样。而对于这些设置，我们学校有一些正在做，有一些需要展开做，有一些需要改良做，有一些需要试着大胆创新做。我想，具体实施举措如下：

（1）德育思想教育，使学生知情达意。

1）班会课，它是德育的重要途径之一。班主任应该充分发挥班会课的作用。通过班会课，班主任可以在特定时期围绕特定主题对学生进行教育。比如学期伊始，开展的感恩主题班会、习惯养成教育班会、学习方法指导专题班会、讲诚信专题班会、惜时专题班会、防震防火逃生演练主题班会等，学期末的防溺水、交通等安全教育主题班会等。与其他形式的教育相比，班会课能以一种更柔和、更有效的方式向学生渗透正确的思想和理念，从而让教育春风化雨，润物无声。相比简单的说教，它更能促进和谐班集体的形成，更能引导学生进行自我教育、自我管理、自我完善。同时，让学生参与进来，以对话的方式，通过班会课上相对自由的上课模式，学生的表达能力、思辨能力、组织能力，以及创造性思维都能够得到一定程度的发展。往往一节好的班会课能让学生受益终生，摆脱了枯燥的说教，学生也易于接受。班主任提前摸清班级形势，准确把握学生当中存在的问题，知道采取什么样的教育方式，并进行周密的准备，那么班会课势必能达到预期的目的，能让教育由单纯的说教变成思想的碰撞、心灵的交流，从而让学生明白道理、陶冶情操、提高觉悟、培养能力。真可谓小舞台大效应！

2）学校大讲堂的开设，是学校生活中浓墨重彩的一道风景。学校是人才的培养基地，丰富多彩的讲座对于繁荣校园文化、鼓励师生创新、丰富师生生活等，具有良好的促进作用。

讲堂的内容可以丰富多样，例如：为培养女生自尊自爱、自洁自律、自我防范、自我保护意识，已经开展的女子大讲堂。"因为我们是女生，所以想和你说说女生之间的那些事儿；如果你是我的女儿，我想对你说说贴心的话；因为你是祖国的花朵，我想看到中国枝繁叶茂、繁荣昌盛的未来，所以我想对你说……亲爱的女孩们，勿忘初心，上更高的平台，做更好的自己！生活成自己喜欢的优秀卓越的美好的样子！"再例如大讲堂的内容开展过的关于青春保"未"战的性教育，大讲堂的内容还可以有关于"爱情"的"青苹果不可以摘"，关于乐观，关于自信，关于幸福，关于快乐，关于毅力和坚持，关于情商，等等。

3）演讲活动的组织，让优者碰撞出智慧的火花。演讲在人类口语中是最高级、最完善、最具有美学价值的一种口语表达形式。演讲者，演绎平生畅快，讲诉遍迹天下，不失为让心灵得以释放，并让听众为之所思的绝妙方式。例如组织学生开展感恩演讲、班干部竞职、优秀团员评比等演讲活动。感恩演讲目的是进行一次感恩洗礼，唤起那已被习惯与世故压在灵魂最深处的善良本性，于感恩之心，敞开爱的大门，用感恩的心审视世界，审视周围的人。班干部竞职、优秀团员评比等演讲，让优秀者互相竞争，优中选优。因为竞争是能力的角逐、智慧的较量，人才只有通过竞争才能被学校班级所发现和承认。既然是花，就要开放；既然是树，就要长成栋梁；既然是石头，就要去铺出大路；既然是班干部，就要成为一名出色的领航员！流星的光辉来自天体的摩擦，珍珠的璀璨来自贝壳的眼泪，而一个班级的优秀来自班干部的领导和全体同学的共同努力。竞争中的成功者增强了信心，树立了全心全意为班级和同学们服务的奋斗目标；竞争中的失败者通过总结经验，调整目标与行动方式，为进一步取胜打好基础。

4）利用升旗、大型表演等活动培养学生的仪式感。仪式感是什么？法国童话《小王子》里说，它就是使某一天与其他日子不同，使某一时刻与其他时刻不同。仪式感就是把将就的日子过成讲究的生活。

培养仪式感就是用心对待生活中那些看似平凡的小事。仪式感是人们表达内心情感最直接的方式，仪式感无处不在。

仪式感为孩子注入安全感，比如睡前道声晚安，睡前小谈心；仪式感让孩子目标更清晰，比如生日时商量目标计划；仪式感给孩子一份美好的回忆，例如家长会、亲子运动会、汇报演出等；仪式感提升家庭幸福感，比如在生日那天，孩子的生日母亲的难日，对父母说"谢谢"等。

很多事情看似平凡简单，却一点点构成了我们生命中的一部分。仪式感能让我们时刻记住生活中的一点小确幸，值得被想起，庆幸曾经历。

5）学校心理咨询室的完善。心理素质的发展"既是素质教育的出发点，又是全面素质教育的归宿"。从青少年身心发展特点来看，青少年时期是一个非常特殊的阶段，个体从儿童进入青少年阶段，其身心发展起了重大的变化。作为学校我们应该如何帮学生平稳渡过这一特殊的时期？另外现在社会竞争将越来越激烈，这种竞争，通过学校、家庭、社会最终都压在学生身上，学生承担着前所未有的压力。在青少年中存在不同程度、不同类型的心理健康问题，包括成年人在校教职工，心理健康问题的平均检出率也很高。心理健康问题的发生率随年龄增长呈上升趋势，这给学校教育造成了极大的困难和挑战。

心理咨询室既能够有效帮助学生和教职工疏导心理压力，解决心理问题，预防和干预恶性事件的发生，又可以提高全体师生的心理素质，培养学生乐观、向上的心理品质，帮助他们发掘潜能，完善人格，促进学生身心健康的全面发展。

心理咨询室工作人员的配备：①咨询室的工作人员和学校学生的比例大致为 1:500；②可采取专职教师和兼职教师相结合的方式，专职教师至少一名，兼职教师 3~4 名；③人员构成应包括：预约和接待人员、个体心理咨询师、团体心理咨询师、团体观察员、心理测评师、督导等（可一人兼数职）。

我校心理咨询室师资情况良好，其中董小红老师、田海霞老师已经取得国家二级心理咨询师资格，姜连荣老师、李红艳老师、付慧老师、朱婷婷老师均已取得国家三级心理咨询师资格。可见老师们的自我要求很高，学习积极性、主动性很强。接下来，我们可以每个年级建立一个心理咨询室，解决全校师生的心理问题，促使每一个人身心健康，更有效地工作学习。

（2）家长学校的成立，使家长配合密切。

习近平总书记对家庭、家教和家风建设有许多论述，如"家庭是人生的第一个课堂"。学生的教育不仅仅是学校的事情，社会、家庭同样存在着不可忽视的重要作用。但是家庭教育在某些方面存在着很多误区。为了更好地整合这种影响学生成长的重要力量，也为了给家长以正确的引导，我们成立了"家长学校"。宗旨是怎样引导家长改变家庭教育的误区，提高家庭教育的质量，进一步配合学校教育，让家长和学校形成有效合力，引导学生健康成长。同时班级、年级、学校还成立了家长委员会，并选出了家长学校校长朱迎春校长。并且已经成功举办了两期家长学校培训，培训内容是《给孩子最好的爱——营造和谐的夫妻关系》，家长们纷纷表示受益良多，爱家庭，爱孩子，配合学校，做孩子坚强的后盾。家长学校还会持续在本学期推出令各位家长耳目一新、受益匪浅的新内容。有了家长的成长，教育孩子的方向才会更明确，才能更深刻地体会陪伴是最长情的告白，才更能领会读万卷书并能和孩子同行万里路开阔眼界的重要性，即便是指导孩子烹饪几道小菜也能让孩子感觉出柴米油盐酱醋茶变成了琴棋书画诗酒花……家长成长，孩子才能茁壮成长。

另外，家长开放日如邀请家长进课堂活动也进行得如火如荼，家长和老师一道陪伴孩子，更好地给予孩子学习、生活等方面的指导。

（3）学生社团的开设，使学生特长得以发挥。

学生社团是指学生为了实现社团成员的共同意愿和满足个人兴趣爱好的需求，自愿组成的、按照其章程开展活动的学生活动。学生社团组织和活动的目的是活跃学校的学习氛围，提高学生的自主管理能力，丰富学生的课余生活，以交流思想，切磋技艺，互相启迪，增进友谊。目前我校的社团室内的有：小品表演、演讲、物理实验、地图绘制、模型制作、奥数解题、诗歌朗诵、绘画、舞蹈、电脑设计等，异彩纷呈；室外的有篮球、武术、跳绳、跳高等各项体育运动，多姿多彩。通过社团活动的广泛开展，增强了学生的学习兴趣，提高了学生的实践技能，转变了学生的学习方式，促进了学生的全面发展，同济，努力让社团活动成为每一个孩子难忘的经历，一生的财富。

社团建设的探索与实践，是我校文化建设的特色名片。回顾我校的社团工作，课程推进扎实有序，活动形式不断创新，同济园丁辛勤的付出，只为让社团成为孩子们成长的乐园。

另外，学校可以开展跳蚤市场或组织美食义卖等活动，使学生在进入社会大熔炉前，在校园内有初步的实践活动和情感体验。

（4）研学旅行，使学生亲近大自然与社会。

研学旅行是由学校根据区域特色、学生年龄特点和各学科教学内容需要而开展的一项活动，组织学生通过集体旅行、集中食宿的方式走出校园，在与平常不同的生活中拓展视野、丰富知识，加深与自然和文化的亲近感，增加对集体生活方式和社会道德的体验。研学旅行继承和发展了我国传统游学、"读万卷书，行万里路"的教育理念和人文精神，成为素质教育的新内容和新方式，提升中小学生的自理能力、创新精神和实践能力。

研学旅行可以依托各地自然和文化遗产资源、大型公共设施、知名院校、工矿企业、科研机构，建设一批研学旅行基地。例如研学旅行可以选择红色旅行，开展红色文化、红色拓展活动，将研修学习作为青少年爱国主义和革命传统教育、国情教育的重要载体，如西柏坡之旅、延安之行等，学习先辈艰苦奋斗的作风，坚定不移走向未来的意志；再如为激发同学们的学习热情、培养他们的综合实践能力，同时达到磨练意志、增长知识、陶冶情操的目的，我们学校已经组织学生去德州市第一中学参观学生心目中的优秀学府，使学生有更加直观明确的目标，一中远足也是研学旅行的一个尝试。有了好的开始和初步经验，定能步步为营，走远走高。

（5）开展社会综合实践活动。

社会实践是青年学生练就过硬本领的"大熔炉"。习近平总书记多次强调，青年要成长为国家栋梁之材，既要多读有字之书，也要多读无字之书，注重学习人生经验和社会知识，注重在实践中加强磨练、增长本领；要不怕困难、攻坚克难，到基层、到西部、到祖国最需要的地方去，做成一番事业、做好一番事业。习近平总书记指出，要重视和加强第二课堂建设，重视实践育人，坚持教育同生产劳动和社会实践相结合，广泛开展各类社会实践，让学生在亲身参与中认识国情、了解社会，受教育、长才干。这些重要论述，为当代青年成长成才道路标注了鲜明的时代坐标和基层导向。发挥社会实践的育人功能，就是要不断拓展学生社会实践的平台和路径，为学生参与社会实践创造更多的机会。

1）做志愿者、做义工、为贫困生捐款等公益活动。公益活动是指一定的组织或个人向社会捐赠财物、投入时间精力和传播知识等活动。公益活动的内容包括社区服务、环境保护、知识传播、公共福利、帮助他人、社会援助、社会治安、紧急援助、青年服务、慈善、社团活动、专业服务、文化艺术活动、国际合作等。如参与"托起明天的太阳"的义工活动，上不愧对天，下不愧对父母，力行感恩教育；去敬老院帮助孤寡老人洗头洗脚，体会"老吾老以及人之老，幼吾幼以及人之幼"的博爱情怀；去社区拣拾白色垃圾或帮助小区居民识别垃圾分类等，提高小区居民整体素质。

在参与社会公益活动的过程中，我们既承担着社会责任，又在帮助他人，使自身价值在奉献中得以提升。吸引众多关注的目光，带动众人同行，促进社会和谐。营造了"我为人人，人人为我"的社会氛围。对自己是一个提高，根据参与活动的不同，会有不同方面的提升，对社交能力、口才、责任感、办事效率等都会有一定的积极影响。

人生的意义不在于索取，而在于奉献，帮助别人快乐自己。愿青少年拥有一个鲜亮的灵魂。希望与你们同在！

2）社会调研活动。有的课堂作业比如数学中的统计用电量或塑料袋的使用情况等，可以组织学生实地到某个社区，查找确切有效数据。调研活动是根据统计学的方法进行的，要求比较严格，需要的数据较为精准和严密。

3）学校可以开辟出部分田地，供学生动手实践。注重学生动手实践能力的培养，对于开发学生智力、培养学生的能力，对于学生身心健康成长是十分重要的。素质教育的三大主题是学会生存、学会学习、学会创造。学校可以承包或开辟出部分田地，让学生从事选种、挖坑、播种、浇水等一系列的劳作，体会劳作的辛苦、成人世界的不易，珍惜属于自己学习的美好光阴。也可以组织学生采摘园采摘，体会摘果的成就感、成功的快乐，等等。

通过劳动与技术实践活动，使学生养成良好的劳动习惯和热爱劳动人民的思想感情；重视通用技能的学习，培养职业意识和创业与敬业精神；通过综合动手实践活动，增进学校与社会生活的密切联系，丰富学生的学习经验，培养实事求是的科学态度，发展学生综合运用知识和解决实际问题的能力。

教育家陶行知极力主张生活教育，他认为远离生活的教育不是真教育，不是好教育，"到处是生活即到处是教育，整个社会是生活的场所，即教育之场所。"

教育的最终落脚点是人，是全面发展的人，是将来的社会人，是未来能够独立生活的人，是各行各业的合格公民。教育是为了生活，为了当下孩子的学习生活，为了孩子走出校园之后的生活。教育与生活应该是唇齿相依的，教育不能脱离生活，生活应该贯穿于教育的始终。

教育即生活，生活即教育，生活是教育的海洋。生活需要教育化，教育需要生活化，做生活化的教育，做人性化的教育，做有情怀的教育，做有温度的教育！

格物致知，诚意正心

—— 西柏坡红色研学旅行有感

1949 年 3 月 23 日上午，党中央从西柏坡动身前往北京时，毛泽东同志说："今天是进京赶考的日子。"60 多年的实践证明，我们党在这场历史性考试中取得了优异成绩。不忘初心、牢记使命就是这场考试的继续。

"路漫漫其修远兮，吾将上下而求索。"全党同志一定要不忘初心、继续前进，永远保持谦虚、谨慎、不骄、不躁的作风，永远保持艰苦奋斗的作风，勇于变革、勇于创新、永不僵化、永不停滞，继续在这场历史性考试中经受考验，努力向历史、向人民交出新的更加优异的答卷！

—— 习近平

在张校长的带领下，26 名同济党员西柏坡一行，在展厅中又看到了这段话，不仅心潮澎湃。首次以红色研学旅行的方式进行的党员活动日的学习更是让各位党员觉得别开生面，耳目一新，受益匪浅。

在这段话中，尤其对"永远保持谦虚、谨慎、不骄、不躁的作风，永远保持艰苦奋斗的作风"，有了更深刻的思考。习近平总书记指出："改进工作作风，各项工作都很重要，但最根本的是要坚持和发扬艰苦奋斗精神。"强调要加强党的思想建设，防止资产阶级思想的腐蚀，强调抵制物欲的诱惑，是保证我们领导干部清正廉洁的需要。

"格物、致知、诚意、正心"，拒绝物质上的诱惑，不为驱使，保持心灵的高洁是多么可贵啊！

确实，这世上没有不食人间烟火的仙子，只要生活在这人世间，不会不接触物质的，难免为形形色色的物质诱惑所役！拥有物欲并不可怕，可怕的是不道德地实现物欲。21 世纪，整个世界像是踏上一列飞速前进的列车，只顾快速的发展，而却忘了环顾四周的风景。物欲横流的背后是人类精神家园的荒芜，是人类意志力日趋衰退与脆弱的表现！这让一些人真、善、美的价值观遭到了摒弃，美与善的标准发生侧移，所以对于物欲满天飞的现象应该抵制，这样体现出的物质与精神的平衡将会有利于整个世界和谐地向前发展。我们一路奋战，不是为了改变世界，而是为了不让世界改变我们的初衷。

"海纳百川，有容乃大；壁立千仞，无欲则刚"中"壁立千仞，无欲则刚"

这句话意思为：千仞峭壁之所以能巍然屹立，是因为它没有世俗的欲望，不向其他地方倾倒；借喻人只有做到没有世俗的欲望，才能达到大义凛然（刚）的境界，要放弃无谓的享乐欲，修身养性。人若无欲品自高，说的就是人若没有私欲，品格自然高峻洁清，不染尘泥。

孟子有云："富贵不能淫，贫贱不能移，威武不能屈，此之谓大丈夫。"文天祥兵败被俘后，拒绝高官厚禄，写诗明志，慷慨就义；陶渊明不为五斗米折腰，可谓能抵诱惑；朱自清宁可饿死也不吃救济粮，精神可佩……在物质的诱惑面前，表现出何等的气节与高洁！

战功赫赫的95岁老党员张富清，深藏功名63载，艰苦朴素，自甘平凡，斑驳的墙壁，褪色的家具，衣服的袖口都烂了但还在穿……无论顺境逆境，张富清从不提自己的战斗功绩，他不想给党、给国家、给军队添任何麻烦。战争年代不怕牺牲、出生入死，张富清靠的是一个党员的信仰——"我一直按我入党宣誓的去做……满脑子都是要消灭敌人，要完成任务……所以也就不怕死了。"和平时期工作挑最苦最难的干，从不争名争利，扎根大山，为的是不负入党的誓言。不久前，在给曾经战斗部队的一封答谢信中，他情真意切地写道："希望你们坚决听党的话，坚决听从习主席指挥！""心往一处想，劲儿往一处使，拧成一股绳……"党中央也号召部队年轻的官兵，紧紧围绕听党指挥、能打胜仗、作风优良强军目标，学习老前辈张富清英雄事迹，立志做新时代革命军人。

当代雷锋郭明义，献血献钱献真情，奉献社会，奉献人民！自己却带领着一家老小挤在仅有四十平米的小平房里。他真是"傻"，可只有他自己才知道，这是一种无可比拟的快乐。面对大家的质问，他从容地回答："大家都说我傻，可我是雷锋精神的接班人，我放不下那些苦难的人们，只有看到他们快乐了，我才能真正地快乐起来。"帮助别人，快乐自己。

2018年感动中国十大人物马旭，向家乡木兰县教育局捐赠1000万元，引起了广泛的关注。这笔巨款是马旭与丈夫一分一毫几十年积累而来。分毫积攒，千万捐赠！他们至今生活简朴，住在一个不起眼的小院里。网友纷纷向两位老人致敬、点赞。在颁奖会上，颁奖词写道：少小离家乡音无改，曾经勇冠巾帼如今再让世人惊叹。以点滴积蓄汇成大河灌溉一世的乡愁，你，毕生节俭只为一次奢侈，耐得清贫守得心灵的高贵。

"大道至简"，行至简之道，入忘物之态。过极简生活，抛弃那些不必要的东西。静下心来，沏一杯茶，看一本书，赏一件瓷，让那苍茫的历史来洗涤我们浮躁的心灵。沧海桑田，芸芸红尘，在浩瀚的宇宙中，我们不过是一粒尘埃，只不过是沧海一粟，只不过是匆匆过客。或许，生命的丰盈其实缘于心的慈悲，生活的美好缘于心的平常。简单，让人轻松快乐，让人平和宁静；简单，让人领悟生命之轻，洞悉心灵之静。

杨绛先生说："我和谁都不争，和谁争我都不屑。""我们曾如此渴望命运的波澜，到最后才发现：人生最曼妙的风景，竟是内心的淡定与从容。我们曾如此期盼外界的认可，到最后才知道，世界是自己的，与他人毫无任何关系。"简朴的生活、高贵的灵魂是人生的至高境界。

既往不恋，未来不迎，当下不杂。

有人说：当一个人的人生有了物质，那么他就有了生存。当一个人的人生有了精神，他才拥有生活。而我们共产党人，坚持的是我们的信仰。

作为一名党员，在和平年代里，在平凡的教师岗位上，我们不期望做出多么轰轰烈烈的光荣事迹，但我们可以做高洁之人，抵制各种形形色色的物质诱惑，安贫乐道，兢兢业业，无私奉献，守住我们的平凡！教人为事为天下之大事，教人做人做堂堂正正人！三尺讲台，三寸舌，三寸笔，三千桃李。十年树木，十载风，十载雨，十万栋梁。雄鹰选择蓝天，搏击长空，鱼儿选择海洋，遨游四方，我们选择了党员老师，一任华发生，二任两鬓白，三任倾尽毕生辛劳去努力，去拼搏！因为那是我们的选择，那是我们的骄傲和自豪，且无怨无悔！

格物致知，诚意正心。不改初心，永行路上！

听试讲课有感

听了优秀教师的试讲课，有很多感触，引起了我对教学课堂的几点思考。

一、练好粉笔字

看到试讲的很多老师写到黑板上的粉笔字都太不尽人意，颇有感触。

书法，一种中国的传统艺术，写得一手好字，其实是提高艺术修养与鉴赏的一种手段。"三笔一话一画"——钢笔、毛笔、粉笔、普通话、简笔画这五个技能属于中小学教师的基本功，任何一个都不容荒废。首先，教师写好粉笔字，在上课的时候面对学生更有底气。其次，教师的字迹，会直接影响班级中大部分学生的书写水平。第三，粉笔字是教师必备的基本功之一，粉笔字很多时候相当于教师素质的"外衣"，如果你的粉笔字一写出来就让人惊艳，那么无论是平时的常态课，还是公开课、优质课或者其他的观摩课，你的字迹都会有一种无形的"魔力"，让大家对你的课堂教学质量有一个直观且良好的印象，而这种"魔力"正是教师魅力的一种集中体现。

二、网络语言在课堂上的应用

今天听到化学试讲老师，在用到"buling buling""OK""见证奇迹的时刻"等网络词语和时尚用语，让我不禁思考网络语言在课堂上的应用问题。

我们日常交际时常常会用上一些网络语言，主流媒体上也时常出现网络语言，权威词典也开始接纳网络语言，网络语言日益普及和流行的趋势已不可阻挡。目前语言学界已经达成一个基本共识——网络语言对现代汉语的创新与发展有着重要的影响。网络语言是社会进步的产物，中学生运用网络语言，其实是一种社会进步，就像网络文学是一种热门的文学一样，对网络语言自然也不会抹杀。学生能适当使用一些网络语言，也是"潮"的一个表现，"生活是写作的素材，网络社会和网络语言也是学生生活中的一部分，这些来自网络的新生词汇，正是学生生活的反映。"作为老师也要跟上社会进步的脚步，了解一些热门的网络词语，指导学生恰当使用。最关键的是，做到合适的地方使用合适的词语，不要刻意追求网络词汇的使用。

对于中学阶段的学生来说，教师是教学行为中的引导者和监督者。面对网络语言的巨大影响，教师应该认识到网络语言的两面性，正确对待网络语言，在语文教学中发挥网络语言的积极作用，尽量减少其对学生的不良影响，从而保证学生在中学阶段学习掌握语言运用的基本准则，培养正确的学习态度。

三、讲台即舞台

上课时的讲台如同表演展示自我的舞台。当你登上讲台的那一瞬间，状态立即调整成如同登上舞台的感觉。如同演一幕舞台剧，有推进、有高潮、有结尾。舞台应有美声、民族、通俗唱歌方式的不同；有热情、激烈、充满激情的热舞，也有柔情曼妙的慢舞等各种舞种的不同展示；既有戏曲的沉淀，有小品的幽默，又有相声的哲理。

每个老师的讲课方式不尽相同，有的风格激情四射如同大海，时而波涛汹涌，时而舒缓静流，有的如同湖泊一成不变，有的是溪流潺潺，小桥流水，有的既有山之隽永，又有水之清流，山水相绕。如果用人物来描述的话，有的如杭州城大家闺秀，有的如苏州城小家碧玉，有的如翩翩公子，有的如直白大汉，有的既有女性之柔美，兼有男性之理性，真是千秋大不同。

四、人课一体

无论哪种上课方式，都应投入自己的感情。人课一体，比如开车时的人车一体。如果老师的情绪游离在讲课之外，眼神没有和学生做有效交流，对课没有赋予感情，漫不经心，漠不关心，只是知识的搬运工，对学生以后的工作态度的引导反而起到一个反向作用，学生长大后也不会热爱自己的工作。

五、学者风范，匠人匠心

现在的教师职业已不止上课这么单纯了，各种表格的上交要求、班级管理事务、各种学习要求等，让我们觉得如果能纯粹上课、纯粹地进行知识的传播，保持着自己的风度、韵味、风范，而不是一半是学者一半是组织管理，像匠人一样对工作执着专注、对所做的事情和作品坚持精雕细琢、做到极致，那真是太满足的一件美事。而匠人的匠心精神，则更多地强调专注、耐心做一件事这种心态，匠人匠心，学者风范，和学生一起思考学习，是学习的合作者、同伴，专业度、专注度都会更加精进。

而这种专业精神，也会感染学生带动学生，有更强的带入感，让学生在潜移默化中不知不觉地跟着老师的思路步骤一步步向前。

六、课堂要留白

课题要留白，不要满堂灌，留给学生思考、学习和消化时间。如同作一幅画，为使整个作品画面、章法更为协调精美而有意留下相应的空白，留有想象的空间。留白和作画的地方要比例得当，过犹不及，人的眼睛审美才不会疲劳。留白更意味着恰当、不偏不倚、不多不少的度的把握。

七、课堂讲话不要同频率

课堂上老师讲课说话的频率不要一直没有任何变化，如同写一篇文章没有重点、难点，全部都是同等对待，如同白开水索然无味，学生的注意力就会分散了。

八、"男女有别"，影响不同

现在的形势是男老师较少，而男女老师对学生性格、三观形成的引领大不相同。男老师的粗犷或细腻，广袤或狭义，情怀或是局促，都是一种教育。尤其是对男生的潜移默化的影响深远。如同家庭中父母的地位、作用缺一不可。父爱如山，母爱如水。男女老师相互之间也唯一存在，不可替代。男女同学在男女老师身上找到自己崇拜学习的榜样或模仿对象。

尤其初中老师男女比例失调，倡议多多加入优秀的男老师！

九、结尾

试讲时间是十分钟，在讲课九分钟的时候，会收到"还剩一分钟"的提醒，在提醒考生的时候，每个人表现各异。有的微微点头表示收到信息；有的应声"好的，知道啦"；有的听见后不耽误自己的讲课，按自己的节奏继续讲完……由此可以看到，收到信息后，有的过于沉着，没讲完，十分钟到后被叫停；有的恰当地应用了这最后一分钟，得体结尾；有的结尾沉不住气，匆匆收场，略显狼狈。

做任何事要善始善终。所谓"行百里者半九十"，做一件事要善始善终，切勿在最后关头疏忽大意，否则就会前功尽弃。

十、专业知识须过硬

在教学生涯中，感受颇深的一句话是"亲其师，信其道"。这句运用在教学过程中效果是非常显著的。教师怎样才能让学生钦佩，真正自觉地、愉快地接受我们对他们的教育呢？首先教师要有丰富的知识。教师的职业是"传道、授业、解惑"，能做一名合格的教师，那就一定要有丰富的、深厚的专业知识，才能"传道、授业、解惑"，才能让学生被你的学识所感染，才能从心里对你充满了敬畏之情，才能让你成为学生心中的"神"，敬仰之情油然而升。因此教师在教学过程中要不断地学习、积累，形成自己专业的知识体系，形成自己独特的教学风格，要厚积而薄发。不但要有对本学科知识透彻、渊博的掌握，还要有其他方面的知识，自然、社会、科学、人文、军事等方面知识，都要有所了解，涉及的面广泛，内容了解的越深越好，当你的知识丰富了，在课堂教学过程中，也就会挥洒自如、游刃有余，让学生在你的课堂中回味无穷，对你更会敬佩不已，这样也会让我们的课堂对学生充满了无穷的魅力，专业的阵地由专业的教师来做主！这是专业老师的豪气和霸气！同时学生由于爱你，也会更注重学习你传授的知识，教学中会收到事半功倍的效果。

十一、课堂的几点技巧与注意事项

（1）口头语须去掉。有很多老师上课时总带着"好""那么""啊"等口头语，不可取，这些口头语几乎出现了喧宾夺主、冲淡主题、分散学生注意力的情况，影响了教学效果。成熟的老师、优质的课堂生态，一定是没有或很少有口头禅，因为这样的课堂，学生的无意注意少，没有无效消耗，课堂效率高。同时老师的语言精练，更容易直达题意，使师生双边活动更高效，课堂效率不断提高。

（2）语言的艺术。试讲时，可以巧妙地利用多媒体的设置，一是利用了先进的多媒体技术，二是节省了板书设计的时间，一举两得。

试讲中设置的教学环节里有小组讨论环节，可以说"讨论的声音越来越小了，看来讨论的差不多了"，这就令教师的语言具有阶梯性。

（3）课堂要严谨规范化。如果写错了字，有的试讲老师直接用手抹去，不规范，不可取。

尺规作图时一定要严谨，徒手画是大忌，要用专门工具。再如平时画直角或垂直时要用直角三角板的直角，画圆弧时要用圆规，而且做法要描述准确，要有专业的术语，例如做射线时不能用"连接"一词。

（4）尊重学生。微笑是特色外在名片，对工作的热爱肯定是内化外观。请同学回答问题时，不要用手指向某个同学，而是用向上抬的手势请同学回答问题。

（5）板书设计。有经验的教师在深入钻研教材、认真备课的基础上，结合学生情况，会在上课前设计一个切实可行的"板书提纲"——小样。上课时，由于对板书内容心中有数，使讲解与板书相互配合得更加井井有条，效果更佳。板书要有重点，重点、难点最好用彩笔标注，这样学生会印象深刻。

（6）教学环节。试讲时一定要板书题目，知识点要全面，重点要突出，重点要用彩笔标注，自主预习环节不可省略，它是对学生能力培养的重要前提。问题化的引领也很实际，可操作性强。作业的布置可以分为必做题、选做题，可以用思维导图，可以留开放型作业、实践型作业。

总之，试讲课引我深思，促我成长，更觉课堂上须下功夫去研究，以求更大进步。

活动组织和感言

青春期孩子的常见问题及应对活动方案

随着孩子的成长，青春期孩子会呈现出特有的心理状态，出现独立性增强、不愿意听父母的话、情绪两极化、心理上"锁"、心理向成熟过渡、行为易冲动等现象，这些心理很容易产生叛逆、厌学、早恋等青春期问题。青少年出现的各种变化是青春期生理、心理发展的必然结果，青春期的孩子常有以下几方面的问题。

一、逆反叛逆

孩子和爸爸妈妈之间的关系会突然恶化，过去非常依恋，跟爸爸妈妈都很亲密，现在爸爸妈妈碰他的头不行，进他的房间不行，碰他的东西也不行，他开始为自己的权力较劲。这样的孩子在社会上常常有攻击性，有敌意，带有批判性，什么都看不惯，都觉得不好，不完美。实际上，这样的孩子有完美主义的内心追求，只不过是以否定一切的方式来表现的。

活动方案：

（1）教师方面：利用班会时间为同学们播放邹越的《让生命充满爱》，对父母对老师充满感恩的心，感恩生命中的每一次遇见。另外邀请家长走进课堂，和孩子们共同成长。

（2）家长方面：学会对孩子示弱。示弱就是要善于在孩子面前装傻。如果孩子游戏打得好，你要说："宝贝，妈妈觉得好难啊，这种事情都不会，你能不能教教妈妈？"孩子肯定会特别高兴，当你慢慢地表示出对游戏感兴趣的时候，孩子也许就会慢慢失去对游戏的兴趣。原因是孩子玩游戏的潜在意义是在有限的环境里寻找与父母分离的空间，如果母亲也要玩，孩子的兴趣就会大减，当然严重依恋游戏的孩子除外。孩子其实是在表现逆反情绪，这表示他在长大，有了全新的自我，如果我们不压制他，反而认同他，他逆反的动力就会终止。

二、早恋问题

每个青春期的孩子都面临这样一个考验，即他感到必须去证明自己不再是一个孩子。这当然是一个非常危险的感觉，因为每当我们感到我们必须证明什么的时候，我们就可能走得太远，做得太过。青春期的孩子自然也是这种情形。

　　孩子进入青春期，与异性接触时有了微妙的变化。他们开始悄悄地关注异性。关注往往只是停留在外表上。比如女生关注帅气高大的男孩。女孩子们在一起去对他们评头论足，有一些新鲜和刺激的感觉。男孩子也注意女孩子，偶尔也会在一起用调侃的方式谈论某些女生，即使有一种淡淡的喜欢，他们也知道自己在想入非非。男孩和女孩，都会很拘谨，这只是孩子们走出家庭的圈子、步入社会认识异性的最初的学习阶段。而随着时间的推移，孩子们越来越明白自己喜欢什么样的异性，希望去接近他或者她。最开始的形式可以是打打闹闹，简单的问答，很多孩子可以通过这样简单的交流，达到对异性的了解。很多孩子知道这不是什么爱情，只是同学交往。他们认为自己憧憬的美好爱情还没有来临，所以，更多人选择了等待，等待自己长大。

　　解决方案：

　　（1）家长方面：首先，家长要注意引导，方法要恰当。我们家长不要促成孩子将错就错地从误会、误解开始"爱情"。家长捕风捉影的批评、不信任的盘查、偷偷地窥探孩子的隐私、忧心忡忡地唠叨提醒，会让孩子烦躁，加重其逆反心理。有异性朋友接触的孩子，会很小心，为了避免暴露自己的感情，避免因为自己的一个小纸条、一次不期而遇的单独接触被家长发现，使得对方受到伤害，会加紧通风报信和联络，结果，两个人越走越近，越来越相互支持和信任，终于弄假成真。家长在这里起的是推波助澜的作用，而自己并没有意识到。其次，学习上的压力、生活上的压力，孩子需要有人分担，而家长只会施压，不会减压，孩子就会对家长逆反。对孩子的不理解、不宽容，无休止的批评唠叨，使得孩子去寻求理解和同情，也是孩子谈恋爱的缘由。再有，亲情是孩子的避风港，如果家庭不能给予孩子亲情，孩子很容易到异性身上寻找亲情。给孩子充分的尊重、理解和爱，不缺爱的孩子不会到处寻找爱。

　　（2）教师方面：老师可以给同学们念一封某老师写给学生的信，让学生从中受到启迪。这封信是这样写的：

　　　　亲爱的同学们，你们好！

　　　　你可以喜欢这个女孩的古怪精灵，但请不要喜欢古怪精灵的这个女孩；你可以喜欢某个女生的人淡如菊、热情似火，但请你不要喜欢人淡如菊、热情似火的某个女生。请珍惜给你发好人卡的女生，因为她懂得尊重感情、尊重自己、也尊重你。

爱情，它就像一棵小树，它的成长需要阳光、雨露、肥沃的土壤、精心的呵护，而这些，身为中学生的你根本给不起。因为它的经济基础不是金钱，而是时间和精力。如果你是一个有责任感的人，不用我说，你也知道，初中三年你的时间和精力应该投资到哪里，就算你已经有十足的把握进入心仪的高中、大学，你能确保你不会影响到对方的人生轨迹？你能确保，你给他（或她）的就是他（或她）想要的人生？

曾经有学生开玩笑地跟我说过，老师，房子车子票子，我父母都给我准备好了，我现在就缺一媳妇。我告诉他，你缺的不是媳妇，是脑子。一个真正有质量的姑娘，不会因为你父母的慷慨跟你走，因为吃人家嘴短，拿人家手短，不是两个人奋斗所得，低眉顺眼的小媳妇不好当；如果她就是冲这些东西去的，那就更没有跟你混的必要了，她完全可以直接奔你的父辈去了，爱情面前，物种都不是问题，更何况年龄？

于男生而言，成长为有智慧、有能力、会挣钱、有魅力的男人是需要极大付出的，在该读书的时候好好读书，该拼搏的时候好好拼搏，有勃然向上的人生追求，有清醒的人生规划，不断地超越自我，虽屡败而屡战，虽九死而无悔，"不负我生，不负我心"。这样的男生，哪个女生不欣赏？这样的男人，哪个女人不爱慕？

当她长发及腰，你是否已有了行掌天下的本领？如果你还没有做好准备，还没有足够的实力，请离爱情远点，请保持一个光棍的节操。远远看，欣赏就好！

三、走极端

青春期的孩子藐视权威，又盲目崇拜，两个倾向同时存在。比如说，很多追星族都是青春期或者青春后期的孩子。他们有时有极端的道德感，喜欢谴责，有时又极端无视道德，会做一些违背公众道德的事；他们勤奋，同时又懒惰，遵守纪律，又破坏纪律。在遵守纪律和破坏纪律里都能找到快乐，在盲目崇拜和否定权威里都能享受到快乐。其实，孩子的成长动力正隐藏在这种双向性的矛盾中，不管破坏还是创造，孩子都充满激情，这是快乐的动力。

解决方案：

（1）教师方面：抓住学生的闪光点，多给予学生正面的鼓励和表扬。

（2）家长方面：家长不管孩子提出什么不合理的、荒谬的要求，决不能马上驳斥他。对孩子提出的不恰当的要求，要说："你的想法不错，很有意思啊，不过我能问一下你为什么有这样的想法？能告诉我你进一步的计划是什么吗？你能告诉爸爸妈妈能帮你做些什么吗？"这样的提问可以帮助孩子澄清自己的想法，如果你拒绝他，他反而会坚持。当你坐下来听他计划的时候，他就会发现自己什么计划都没有，需要的只是爸爸妈妈认同、接受他的想法，不一定要实施。如果这时驳斥他，他反倒一定要实施。家长可以先说"yes（是的）"，时机成熟的时候再说"maybe（也许）"，尽量不说"no（不行）"。很多青春期的孩子会提出一些不合理的、过分的要求，其实真正的目的不是要实现要求，而是要看爸爸妈妈的反应，是不是真的在意他、尊重他。

作为家长应该保持平和的心态，用积极的态度、科学的知识、正确的方法引导孩子。理解孩子，做孩子的朋友，不能总是说教。作为家长应该多与孩子沟通，多谈心，给予孩子关心，孩子出现问题不要一味地责骂，要积极交流，培养孩子的兴趣爱好，多接触大自然，多参加集体活动。

四、幻想色彩严重

有的孩子会神神怪怪的，喜欢看侦探片、鬼片，嘴里会谈迷信，包括宗教、十字架，甚至有些孩子会把两个笔捆成十字架，做祷告。追求神秘主义的背后是对世界的好奇，从书本和父母教导中看到的世界太过乏味，孩子通过追求神秘来自娱自乐。当然，其中也存在很多自我暗示的、夸大自我的、获得超能力的、成为权威人物的青春期梦想。

解决方案：

（1）教师方面：阻止青春期的孩子出现这些问题的最好方法之一就是正向引导，例如集体组织同学们观看《厉害了我的国》，从中汲取向上的力量，化为学习的动力，努力奋斗，成为建设祖国的后备人才。

（2）家长方面：学校组织家长进课堂，和孩子之间培养友谊，与孩子之间应该成为好朋友或好伙伴。孩子也应该和家庭成员和家庭之外的人成为朋友。家庭成员之间应该相互信任。孩子也应该信任父母和教师。实际上，在青春期，只有那些一直是孩子的朋友和爱护他们的父母教师，才能继续引导他们。下面图片为同学们观看《厉害了我的国》和家长走进课堂，与孩子们一同成长。

八年级十四岁生日会方案

一、活动目的

（1）通过集体庆祝十四岁生日的活动，体验成长的快乐，感恩师长朋友的陪伴，体验未来的责任。

（2）通过十四岁生日活动，指导学生珍惜青春年华，迈好青春第一步，培养学生良好的行为习惯和集体主义观念及社会责任感，为进一步形成良好的世界观、人生观、价值观奠定良好的基础。

（3）通过活动增进亲情，融合互助，和谐进步。

二、活动主题

感恩、责任、成长。

三、活动时间

2020 年 3 月 25 日晚上 7:30 ~ 9:00。

四、活动地点

学生在家中，班主任钉钉全程在线主持。

五、活动流程（学生提前穿好校服）

（1）播放班级电子相册，使学生提前进入状态（附背景音乐）。

（2）升旗仪式（需要升旗视频），升旗仪式前班主任要有一个开场白，具体内容见课件。

（3）校长寄语讲话（5 分钟左右）。

（4）家长代表发言（5 分钟左右）。

（5）年级主任讲话（3 分钟左右）。

（6）教师代表发言（5 分钟左右）。

（7）学生代表发言（3 分钟左右）。

（8）诗歌朗诵（5 分钟左右，附背景音乐）。

（9）老师们送上祝福。

（10）亲子畅谈：学生利用假期跟父母谈心，了解父母的人生历程，这不仅能促进亲子间的相互了解，更能增进父母和孩子之间的感情。孩子根据所了解的内容给爸爸（妈妈）写一篇传记（已完成）。孩子给家长献上《家长传记》，和家长拥抱（此处拍照），然后向家长鞠躬，家长对孩子说鼓励的话（附背景音乐）。

（11）学生宣誓。

（12）学生写下自己的目标愿望，写下自己的感想。

八年级十四岁生日会主持词（操作版本）

（**开场白**）亲爱的各位家长，各位同学，大家晚上好。

青春是一把火，在黑暗的道路上照亮前方的坎坷；青春是一首诗，用优美的词汇描绘多彩的人生；青春，是我们最珍贵的财富；青春，展示着我们的激情。今天，在居家学习的特殊时期，虽然我们不能欢聚一堂，但什么也阻挡不住我们青春的热情。下面，我宣布：同济中学八年级"感恩 责任 成长"暨"十四岁集体生日会"现在开始！

（**放电子相册时**）看到这一张张笑脸，你是否想起了一家人在一起的温馨画面？你是否想起了自己的成长历程？你又是否想起了父母为你日夜操劳的身影？ 从呱呱坠地的婴儿到如今充满朝气的青少年，我们的成长最离不开的是父母的陪伴。

电子相册勾起了我们美好的回忆，也正式拉开了集体生日会的序幕。

（**升旗前**）生日会第一项：升国旗，唱国歌。请全体起立。升旗后全体坐下。

（**校长讲话前**）2018 年 9 月，我们来到同济，共同开启了一段难忘的旅程。在这里，有同学的相伴，有老师的教诲，更有我们的校长时刻在关注着我们的成长。今天，在这里，有请我们敬爱的张校长给我们送上真挚的十四岁寄语。

（**校长讲话后**）感谢张校长为我们送上的祝福，您的话语都将成为我们青春驿站上的指明灯。

（**家长讲话前**）十四年来，一直有那样一双眼睛看着你。看着你牙牙学语，看着你一摇一摆地学步。看着你独自背着书包踏进校门，看着你一天一天地长成大人。那，就是我们亲爱的父母。下面，请八年级家委会主任、家长学校校长朱迎春代表我们全体家长送上对同学们的祝福。

（**家长讲话后**）朱校长的话里，有叮咛，有期盼，相信同学们都会牢记心间。感谢朱校长的精彩发言。

（**老师发言前**）在这个世界上，老师是除了父母之外最关心你前途的人，他们会因为你的点滴进步而感到欣慰，也会因为你的不思进取而痛心疾首。要相信，你们是老师时刻记挂的人。下面，我们请年级主任姜老师致青春致词。

下面请王小琳老师代表八年级全体老师表达对同学们的真诚祝愿。

（**老师发言后**）老师们的发言饱含对同学们的关怀与期待，相信同学们一定会不辜负老师的期望，成就最好的自己。

（**学生讲话前**）走在青春的路上，有一群同伴，他们积极进取，乐于奉献。走在青春的路上，有一群同伴，他们向往光，成为光。走在青春的路上，一直有他们的相伴，他们就是我们的同学。下面请八年级学生代表苗雨婷同学发言。

（**学生发言后**）感谢苗雨婷同学的精彩发言。

（**学生朗诵前**）十四岁，意味着我们步入了青春，因为拥有青春，我们懂得了心怀感恩，因为拥有青春，我们明确了肩负的责任。下面，请欣赏诗朗诵《青春 感恩 责任》。

（**学生朗诵后**）充满激情的朗诵让人心潮澎湃，更让我们拥有了积极向上的心态，坚定了勇往直前的斗志，相信同学们都能够以梦为马，不负韶华！

（**老师们送祝福前**）下面请老师们送上他们的祝福！

（**老师们祝福后**）老师们的话语我们时刻牢记心间，老师们的叮咛激励我们奋勇向前，感谢老师们的真诚祝福！

（**亲子活动前**）请同学们全体起立。两个月的居家生活，让我们有了更多与父母相处的时间；倾心的交谈，让我们对父母有了更多的了解，增进了彼此的感情，同学早已将此诉诸笔端。现在，请大家拿出为父母写的短信和传记，双手捧起，将它送到父母手里。（稍停）现在，请爸爸妈妈给孩子一个大大的拥抱吧，把你的爱与期待通过你有力的臂膀传递到孩子的心里。（稍停）孩子们，从爸爸妈妈温暖的怀抱里站起来，抬起头，仔细看一看你面前的爸爸妈妈，他们也曾经和你们一样是充满朝气的少年，但岁月的侵蚀加上为你们日夜操劳，他们的眼角也许已增添了道道细纹，他们的头上可能已出现丝丝白发。孩子们，请在爸爸妈妈的面前站好，向他们深深地鞠上一躬，（稍停）感谢父母不辞辛苦将我们抚养长大；感谢父母5100个日夜的陪伴；感谢父母在我们取得成绩时真诚的喜悦与鼓励；感谢父母在我们跌入低谷时的理解与不离不弃……（稍停）爸爸妈妈们，请扶起你的孩子,认真看一看他们满含着深情的眼睛,你们的孩子已经长大,他们已经懂得了感恩,明确了责任, 此时此刻,你又想对你的孩子说些什么呢,请表达给您的孩子吧。

(宣誓前)难忘父母养育之恩,难忘老师培育之恩,同学们,下面让我们举起右手,握紧拳头,面对你的父母,庄严宣誓吧! 领誓人:某某某。

(誓词)我以青春的名义庄严宣誓:面对困难,我们勇于向前。面对挑战,我们毫不畏惧。面对挫折,我们绝不低头。面对失败,我们永不言弃。面对自己,我们不断超越。生命如虹,青春不悔。宣誓人:(学生自己的名字)。

(宣誓完)同学们,十四岁的我们或许跌倒过,或许感伤过,但我们终会见到最后的彩虹。我们或许迷茫过,或许迟疑过,但我们终会选择人生的正确方向,实现我们的人生理想。生日会后,就让我们拿起手中的笔,写下你的目标愿望与感想吧!

(结束语)十四岁的花季,我们怀揣青春的梦想。十四岁的憧憬,我们拥有飞翔的未来。

几度花开花落,岁月不经意间慢慢滑过,走过懵懂的少年时代,踏进青春的门槛,我们站在十四岁成长的交界线上。壮丽的时光,它充满深情,也充满智慧,更充满理想,而我们将带着希望,也带着幸福,更带着力量,健步登上这精彩的青春大舞台,施展自己的才华,找到属于自己的阳光!

老师祝福词:

姜老师:你们,在父母的悉心呵护下长大;你们,在老师的热忱教诲中前行;你们,在同伴的欢快笑声里歌唱;你们,以独特的感受,诠释着如歌人生。

梁老师:十四岁,十四年的风风雨雨,在不知不觉之中已成为历史。

史老师:今天,你们将告别童稚时代,步入那火热的青春时代……

张老师:总难忘曾经那一张张稚嫩可爱的脸庞;总记得曾经那一幕幕清新有趣的场景……

贺老师:却突然间发现你们长大了:独立替代了依赖,成熟替代了幼稚……

李老师:十四岁,不再是充满稚嫩遐想的年龄,要学会对生活做一个全方位的规划。

石老师:开始计划将来成为什么样的人,要对家庭和社会承担怎样的责任。

刘老师:十四岁,不再是依偎在父母身旁撒娇的年龄,要学会用感恩的心面对身边的人。

袁老师：感谢父母抚养你成人，感谢老师们教育你成才，感谢朋友在你困惑伤心时对你的宽慰和帮助。

吴老师：十四岁，刚刚跨入青春，也许你会显得迷茫无助。

王老师：但是自信和自强将成为你成功的得力助手，哪里跌倒了哪里爬起来，才是十四岁的你。

马老师：做一只展翅高飞的雏鹰，勇敢地冲向梦想的天空吧。不要怕摔打，不要担心失败，更不要怀疑自己成功的能力，付出汗水耕耘就一定能收获甘甜的果实。

赵老师：风华正值年少时，青春是无价的，愿你们用这无价的青春，谱写一曲无悔的青春赞歌！

附1：校委会主任及家长学校校长发言稿

尊敬的各位领导，敬爱的老师们，亲爱的家长们以及可爱的孩子们：大家晚上好！

我是同济中学家长学校的校长朱迎春，也是八年级一班吴思洁和八年级二班吴思凤的家长。

今天是一个特殊而有意义的日子，在这样的特殊时期，我们以视频会议的形式欢聚一堂，庆祝八年级所有孩子们的14岁集体生日，在此，我代表八年级全体家长向同济中学学校领导以及兢兢业业、无私奉献的老师们为此次线上活动的辛勤付出表示真心的感谢！感谢学校给家长们提供了共同见证孩子们成长的宝贵机会，为孩子们的成长留下最难忘的印记！

亲爱的孩子们，时光如梭，转眼间你们已经长大，你们的独立替代了依赖，成熟替代了幼稚，你们有了自己的思想，身体和心理的成长发育常常会使你们莫名的烦恼。抽丝剥茧、羽化成蝶的前夜总是煎熬又背叛，但是眼前的阴云总有散开的时候，心上的纠结会有打开的时候，青春期的你们总能走过泥泞。

亲爱的孩子们，你们知道吗？在我们成为你们父母的第1天起，我们就对你们有了责任，更有了期待。我们的爱伴随着你们成长，现在14岁的你们就要展翅高飞了，亲爱的孩子们，你们做好准备了吗？

今天，我想代表所有的家长们给即将从少年成为青年的你们送上青春的寄语：

常怀感恩之心，提升精神境界。感恩是人最朴实最真诚的情感，也是最高尚的价值观和人生观的体现。怀有一颗感恩的心才能懂得尊重生命、尊重青春、尊重自己，在青春的年华绽放生命的美丽。感恩我们伟大的祖国给予我们安定和平的生活，这次突如其来的疫情爆发，让全世界再次见证了无坚不摧的"中国力量"。哪有什么岁月静好，只是有人在替我们负重前行，我们要感恩面对疫情勇往直前的最美逆行者们，是他们的无私奉献给了我们春暖花开之时再次相拥的美好期待。感恩父母，是他们给了你们生命和全部的爱，无论日月如何轮回，无论世事如何变迁，唯有父母的爱是最真最纯最久远的，所以请你一定要以赤诚之心感恩父母。感恩老师，是他们教给你丰富的知识，开启你智慧的大门，给你放眼世界的慧眼，给你走向成功的阶梯，老师是这个世界上唯一一个与你没有血缘关系，却愿意因你进步而高兴，退步而着急，满怀期待，助其成才，舍小家顾大家并且无怨无悔的"外人"，所以请你一定要感恩老师们的辛勤付出与精心培育。感恩同学，是他们陪伴你在平淡的日子里，看花开花落，云卷云舒，是他们陪伴你一起成长，所以一定要珍惜这段来之不易的同学情谊。

常怀阳光之心，保持美丽心情，因为你的心里洒满阳光，你的生活将一片光明，行走在青春之路，始终保持积极向上的心态对待学习和生活，做一个讲诚信的人，做一个宽容的人，把善良当作座右铭，把微笑当作明信片，把正直当作坐标系，14岁的你们就要开始起航，真正踏上成就理想成功人生的拼搏之路成功的道路注定不会是坦途，所以你们会看到很多人半途而废，希望你们能战胜挫折，坚持到底；成功的道路也未必都是车水马龙，希望你们不要浮夸急躁，随波逐流，而是坚定走好自己的路。

常怀进取之心，积淀人生厚度，生命的意义在于什么，不在于长度，而在于宽度和厚度，孩子们，青春的翅膀想要飞出雄鹰的高度，不是靠千百次的表态，而必须要靠千万次的磨练，你付出什么样的努力就会得到什么样的回报。风起于青萍之末，浪成于微澜之间，必须抓紧一切时间积累知识，积聚财智，积淀优势，与坚持为友，与勤奋结伴，与努力同行，尽青春之功，呈青春之事，与其羡慕别人的精彩，不如创造自己的未来。

亲爱的孩子们，我希望你们在成长的过程中，能找到自己的梦想，并用拼搏和汗水获得与你的梦想相匹配的能力。

我希望你们能成为一个有责任感的人，责任是自己对自己的誓言，责任是家长和老师对你们的殷切期望，责任是这个国家对你们寄予的厚望。

我希望你们能够获得成功，我所理解的成功，是一个人对自己所做的事情有所敬畏与热情。我希望你们竭尽全力追随梦想的脚步，去追寻属于自己的诗和远方。

青春是一次充满挑战的远行，你们背上的行囊里有亲人和师长的嘱托与期待，我把美好的祝福浓缩成一句话送给你们，青春的实质是充实，青春的诗意是浪漫，青春的证明是无悔。

亲爱的孩子们，真心地祝贺你们从此迈进青春的门槛，祝贺你们的人生从此掀开崭新的一页，人生的绚丽多彩是属于你们的，从现在开始认真规划你们的人生，努力追求你们的梦想，在学习生活中磨练自己，充实自己，完善自己，让你们的生命更有意义吧。

附2：年级主任姜连荣主任发言稿

线上的十四岁生日在花开的时节，在希望的绿野，在亲人的祝福，在祖国的召唤里走来……

这个生日不寻常啊！防控疫情还在进行，线上学习又紧锣密鼓，考验着国家和民族的智慧，也考验未来接班人的责任与担当。它值得我们珍惜与铭记：心怀感恩，同舟共济，偕作同行！

对我们国家而言，那些向我们伸出援助之手的国际友邦，我们也是"投之以木瓜，报之以琼瑶"，现在中国正急人之所急，开始积极提供各种国际援助，中国人民在疫情防控中展现出了巨大的中国力量、中国精神和大国的无畏和担当！同学们，我们生在中国是幸运的、自豪的，我们拥有现在的生活学习条件也是幸福的！

我们很清楚我们的主要任务是学习，长本领，即便是在疫情严重的今天，改变疫情靠的是知识，这正是我们努力学习的原因。"要做一个像钟院士那样有知识的人。知识不仅能改变我们的生活，还能救人于水火。当危险来临的时候，你不是害怕，而是用自己的知识去战胜危险。学好科学知识，不仅对个人有利，更对我们的国家有利。"

十四岁生日是成长的洗礼，也是蜕变的龙门；生日快乐是来自"任尔东西南北风，我自岿然不动"的祖国的祝福，生日快乐是多少抗疫英雄用逆行、与坚守换来的安宁；生日快乐是父母、老师用呵护与叮咛换来的幸福！

殷忧启圣，多难兴邦。同学们带着责任、担当、感恩、家国情怀于心，这样的生日才是我们给你们的最好的礼物。打不倒我们的，终将使我们更加强大。心系阳光，春暖花开，老师们在美丽校园等你回来！

附3：教师代表王小琳老师发言稿

14岁的孩子们生日快乐！时光轻轻推动春的门扉，唤醒人间最美的时节，这个时节多么像 14 岁的你们，花儿一样的美好青春。而今天，你们的 14 岁生日也因为疫情这个特殊时期，必将成为你成长之路上永远的铭记。

"校园的钟声叮当叮当，交织过多少美梦"。14 岁，开始用纯银一样的声音和自己的梦想对话，充满着无限求知欲、好奇心，逐渐绽开且拓宽着自己的视野，慢慢张开且丰满着自己的羽翼。多么美好，开始逐梦、筑梦的年纪！跟大家分享三本书、三个人，三个词吧，为你的成长助力。

三本书分别是上学期读过的《西游记》和我们正在读着的《傅雷家书》与《钢铁是怎样炼成的》。"没有比脚更长的路，也没有比人更高的山"。一个人的成长过程，就像《西游记》中的"取经四人组"一样：翻山越岭，不断前行。其实整部《西游记》九九八十一难，是取经路上的重重艰险，也是人成长之路上各种无常的磨难。只要一步步踏实地走，就能一关关奋力地过。这部书告诉 14 岁的你，凭借目标、坚持、不忧不惧，定能翻过一座座山取得真经。山是阻碍，亦是风景。

"第一做人，第二做艺术家，第三做音乐家，最后才是钢琴家。"《傅雷家书》中傅雷跟儿子谈人生："人一辈子都在高潮、低潮中浮沉，唯有庸碌的人，生活才如死水一般"。他跟儿子谈艺术："真诚是第一把艺术的钥匙"。他跟儿子谈爱国："钟声复起，天已黎明，但愿你做中国的——新中国的钟声，响遍世界，响遍每个人的心！"这部书告诉 14 岁的你，做人是第一位，要理性对待成功与失败，真诚是艺术的根本，爱国是我们最纯美的底色。家书是深浓文字，更是教育箴言。

"钢铁是在冰与火的双重交替下淬炼而成，更是用意志和品格锻造而成的"。《钢铁是怎样炼成的》讲述了主人公保尔·柯察金从一个社会底层少年，逐渐成长为一无产阶级革命战士的历程。"人的一生应该这样度过：当他回首往事时不因虚度年华而悔恨，也不因碌碌无为而羞耻。"这部书告诉 14 岁的你，要坚毅勇敢、积极乐观、不庸碌无为、不虚度年华。保尔会老去，他的精神却永远年轻。

再聊聊我在这个特殊假期认识的三个人。一个访谈纪录片，感动了很多人。主人公是 2002 年的诺贝尔化学奖得主田中耕一。因为他在工作中操作失误，把甘油倒入钴试剂中，没想到竟然使生物大分子相互完整地分离——这在之前，很多科学家想破了脑袋，都没弄明白。他说"那么多专业研究者，把一生的时间贡献给学术，都没能获奖……我一个非化学专业的小职员，凭什么拿诺贝尔化学奖？"颁奖礼后，他突出重围，消失在人海。17 年的时间全身心都扑在"血液与检测疾病"的研究上，终于获得突破性成果，他这才感觉对得住自己的荣誉。他告诉 14 岁的你，人需要清醒地认识自己，更要耐得住寂寞。

"他看的不是书，而是一种生活方式，一种活法"。因读书照片走红网络的方舱"清流哥"，多次登上热搜。他是一位留美博士后，患病住在"方舱医院"时，大多数病人都在玩手机、聊天或躺着休养。唯独他聚精会神地看书，仿佛身边的纷繁嘈杂都与自己无关。周国平曾说："人生最好的境界，是丰富的安静。"这句话，用在他身上再恰当不过。人为什么要读书、学习？放在平时，答案或许有些苍白。但这次疫情却给了我们最好的答案。他告诉 14 岁的你，唯有读书才匹配得上成长着的生命。

钟南山院士的事迹大家已从各个媒体了解到很多，而他在最近的采访中直接与你们对话，他说在这次抗疫中，更重要的是学到一种精神——中华民族团结抗疫的精神。他说学习要学好基本功，而在基本功里，学好语文最关键。他告诉 14 岁的你，用知识缝制铠甲，不远的将来，各行各业都将由你们披甲上阵。希望你们不惧艰辛、勇敢前行！

跟大家分享三个词：第一个词是选择。你选择什么样的生活和学习方式，决定权在你，而你现在的选择则决定了你的未来。第二个词是相信。人最应该相信的就是自己，"我能行"，始终为自己的前行注满力量。第三个词是敬畏。敬畏生命，敬畏自然，敬畏时间，敬畏"头顶的星空和心中的道德法则"。心存敬畏是一种信仰，是一种情怀，更是一种社会担当。

三本书、三个人、三个词希望带给 14 岁的你思考与自省。成长是自己的事情，今天的积蕴，是为了明天的放飞。愿 14 岁的你忠恕任事、精勤求学、敦笃励志、果毅力行，在逐梦、筑梦之路上奋力向前，"请乘梦想之马，挥鞭从此起程，路上春色正好，天上太阳正晴。"

附 4：学生代表苗雨婷同学发言稿：青春向阳，不负芳华

"我欲穿花寻路，只入白云深处，浩气展虹霓。"我们，正值青春年少，有不畏一切的勇气，空掷一切的豪气，划破长空的浩然之气。因为我们正青春，所以愿用尽全部力气，在空中画出最绚丽的彩虹。

成长，既是一个不断失去的过程，亦是一个一直蜕变的过程。一路荆棘丛生，一路繁花似锦，一路有泪浸湿了衣服，一路又有欢笑响彻天空。不知不觉间，我们已然成为意气风发的少年。"书生意气，挥斥方遒"也已"识得愁滋味"。成长的路上，有时阳光明媚，有时乌云密布，但我们依然要缓步前行，且歌且杨，一路向阳，不负芳华。

14 岁，天总是很蓝，我们在教室里放声朗读，在操场上肆意追逐，在夜晚的灯光下留下小小的身影。14 岁，总觉得外面的世界很精彩，不知不觉迷失在发达虚幻的互联网中，追逐着虚无，失去了自己最初的方向，终日浑浑噩噩，得过且过。猛然回头，看到别人埋头发奋的身影才突然醒悟，想要改变，却又推脱为时已晚，只能看着别人的美好未来，感叹唏嘘，浑然忘了自己也是独一无二的主角。

这真的是我们想要的吗？一定不是！我们有梦想！正因为如此，青春才充盈无数幻梦，蕴含着无数未知与可能。席慕蓉说过："青春的美丽与珍贵，就在于它的无邪与无暇，在于它的可遇不可求，在于它的永不重回。"这是一条不容回头的路，亦是一条不能重来的路。

可是少年，我们仍有时间。

"四时可爱唯春日，一日能狂便少年。"在这样一个可以肆意挥洒的时候，我们应有赤诚无悔的信仰，怀揣梦想，携梦远行。即使披荆斩棘，也要迎风吟唱，鲜衣怒马。又如"管他什么真理无穷，进一寸有一寸的欢喜"，虽然学海无涯，我们仍有一颗无惧之心，乘风破浪，扶摇直上。他所代表的是勇于突破、敢于追梦，更是不忘初心、砥砺前行，它的美好之处便在于风雨兼程、义无反顾。

坐拥最好年华，尽可鹏程万里扶摇直上，尽管诸事不顺，但少年不畏岁月漫长，你所期待一直在路上。14 岁，我们在新的起点，不怕跌倒，不论冷眼，不惧别人眼光用自己的心去感受这个世界，"我们都在努力奔跑，我们都是追梦人！"我们面前是无限可能，我们要做的是相信自己，无悔燃烧自己的青春！

让我们心怀梦想，便是萤火坠星河，沙粒归沧海，也要追逐光的影子，哪怕千辛万苦！与梦想携手共进，便定能迎接璀璨人生，春风得意马蹄疾，归来时山头斜照却相迎。乘长风破万浪，负梦想行远方。翩翩少年，愿你青春路上，放声高歌，一路向阳，不负芳华！

"中青年教师爱岗敬业"演讲稿

"匆匆太匆匆，当你洗手的时候，日子从水盆里过去；吃饭的时候，日子从饭碗里过去；默默时，便从凝然的双眼前过去。我觉察他去的匆匆了，伸出手遮挽时，他又从遮挽着的手边过去。"从上班到现在，忙碌的铺天盖地、晕头转向，根本找不到北，思想不是极左、便是极右，难有中庸之美，真真应了自清的"匆匆"和板桥的"难得糊涂"。是该顺顺思想的时候了，就将这作为演讲的理由小序吧！今天演讲的题目是：

假如你的生命戛然而止

生命之峰，何以至颠？生命之灯，何以至明？生命之舟，何以至岸？……当我戴着人民教师头上笼罩的圣洁光环来到同济中学时，我便一直苦寻答案。新千年，我初次接任了初一二班的班主任，怀着想做好班主任工作又不知如何做得更好的种种忐忑，伴着每天与学生用心的交融，洒下一路的艰辛与汗水，如同十月孕育着的婴儿，给他胎教，为他补充营养，做着尽心的努力，盼望着一个健康婴儿的诞生！……幸不负众望，初战告捷，班级和教学成绩都名列前矛。成功的喜悦太能激发一个人内心的激情，这使我更加用心爱护我的每一个学生，好像和二班有缘，在2002年，我又担任了新的初一二班的班主任工作。新的班级，新的开始。学生不熟悉中学的校规、班规，要想使学生纳入正轨，还真得需要一段时间盯住他们。和往年一样，在新学期的很长一段时间里，中午我几乎没有午休过，顺便和学生拉拉家常，以了解他们的饮食口味、生活习惯及家庭状况。总难免会有家庭条件比较特殊的同学，就说班长杨建勇吧，为人正直，乐于负责，学习成绩也很棒。可是他中午从来不在学校里吃饭，总是急匆匆赶回家，再急匆匆赶回教室，有一阵子，学习成绩也一落千丈。经过了解，原来他的父母离异不久，他父亲常年在北京打工不回家，他跟着他的大爷大娘过活，别说学费，就是平时的饭钱都不好意思张口。我从内心里同情孩子的遭遇，多次找他谈心，为他开解心中的烦闷，鼓励他在逆境中奋发，并拿出自己的钱让他在校吃午饭。懂事而倔强的孩子说什么也不肯，啜泣着说："老师，你放心吧，我不会辜负你的，我肯定能行！"今年初三中考时，他终于考取了他的理想的高中。我由衷地为他高兴。这也使我更加知道有努力便有收获。当你舍得付出时间、精力、用心付出了感情、温暖和爱时，你的学生会给你更多的回报。在我休产假在家时，带了两年的老学生买了给我儿子的礼物，成群结队地利用难得的休息时间来看望我，诉说着对我的种种思念与不可替代，我被深深地感动了……当年初一、初二在我班的学生已被分散到初三十个班里，费了多少时间又聚到一起，又花费着自己不多的零用钱甚至是午饭晚饭钱买礼物来看望自己的老班主任！其中有个叫许萌萌的女同学（当年的宣传委员），尤其想向我表达什么，开口叫了声"老师……"，便已满眼含泪，欲语不能，停顿片刻，她终于抬起头说："老师我们感谢你……"，老师做过什么，老师只不过尽着自己的本分，老师只不过奉献出了自己的一颗真诚心，却收到同学们用手捧出了颗颗感恩心！

孩子四个月时，学校教学人手不足，需要我来上班，当时孩子小，婆婆有病，非但不能照顾孩子还需别人照顾，又来不及找保姆，但我二话没说，当天让邻居先给照顾着，便来上班报到了，接手了初一五、六班的数学课。新的教材、新的班级、新的特点，我以为春风化雨、和风细雨便能水到渠成。小测了几单元，才清楚情况不容乐观，一个道理更加清楚地呈现出来，那就是严与爱无论何时都必须同行！有了时间与精力的付出，有了严与爱的协调，才能尝饮甘甜。我不找理由退缩，只有深挖教材，摸清学生掌握情况，而为了做好这些，我体会到了太多的无奈、无助，每当回家后看到孩子红红的双眼、听到邻居嫂子说孩子半天没吃东西时，我深感做母亲的失职，每到夜深人静时，把孩子哄睡，强打精神多做些课外书练习，尽力备好每堂课。

学生更多需要的是爱和宽容，老师的爱能让他们心地坦然，爱能使他们积极上进，爱能使他们笑对生活！如果爱能温暖他们而不使他们骄纵，在严与爱中我其实更愿意多给学生爱和宽容，但是把握好严与爱的界限还真让人头疼，有时回到家中难免说给爱人听，倒也有一番同感和些许感叹与无奈。

无奈，我体会到了太多的无奈，也知道了什么叫"泥窝"。结婚前，我以为自己是菩萨，能拯救一个人或一个家庭，现在我才知道我只不过是泥菩萨过江，自身难保。每天上班、下班、做饭、洗衣服、伺候病中的婆婆，还有放不下手的儿子，像个陀螺不停地转呀转。有时爱人在外忙，一日三餐可以不吃，可家中有老人，得做！有时一手抱着儿子大山，一手忙活着炒菜做饭，儿子还时不常地前仰后合，要不猛不丁地把手中的玩具仍进锅中，要么非要拿铲子动勺子，让你气恼的不得了。还记得暑假前的一天中午，我浑身发冷，四肢无力，好难受，把八九个月的大山放到小车里，勉强哄着他别哭，我预感我可能生病了，便坚持着让他睡觉，可是大山怎么也不睡，那时爱人正好不在家，他和初三的班主任都在学校盯中午的午休纪律，我是决计不电话打扰他的，支持他比保存我更重要。我用温度计量了量39度4，发烧，我已经头晕得几乎站不起来了，大山怎么办呢？我必须寻求帮助了，他老是想从小车上下来，看的出他实在不愿呆在车里，我勉强抱起孩子，走到邻居的大门外，头上的太阳正烈，真不想打扰人家休息，我敲着门，听不见应答声，我犹豫着回到家中，婆婆看到我折腾来折腾去的，只是哭——有脑血栓后遗症的婆婆几乎所有的喜怒哀乐就融合成了这么一个表情，哭！我大脑已有些恍惚了，我要万一晕了，大山哭到什么时候啊？我心一横，又给近在咫尺的邻居打了个电话，电话通了，嫂子赶了过来，让我先吃了药……我得救了，我家的大山也得救了，可是我还记得吃药后发汗时，我实在禁不住泪流满面。怕落下学生的功课，第二天，我便又坚持上课了。我才知道，母亲不能病，老师也没有生病的权利。有时觉得好恼，也难免把怨气撒在爱人身上，可是我也知道，爱人比我承受的压力更大，他有更多的苦衷和无奈。人生？人生？人活一世，草木一秋，所谓何来！每当愁云惨淡时，我便劝自己想想孙老师念给我们的打油诗"人人都叹命不济，人骑骏马我骑驴，回头看看推车汉，比上不足下有余。"有为有不为，知足知不足，也罢，多些理解、宽容和爱吧，是风是雨，是欢乐是悲伤让我们一起承受吧，就送这首舒婷的《致橡树》给爱人，也送给所有在工作岗位上兢兢业业相互搀扶的爱人们。"我如果爱你——绝不像攀援的凌霄花，借你的高枝炫耀自己；我如果爱你——绝不学痴情的鸟儿，为绿荫重复单调的歌曲；也不止像泉源，常年送来清凉的慰籍；也不止像险峰，增加你的高度，衬托你的威仪。甚至日光，甚至春雨。不，这些都还不够！我必须是你近旁的一株木棉，做为树的形象和你站在一起。根，紧握在地下；叶，相触在云里。每一阵风过，我们都互相致意，但没有人，听懂我们的言语。你有你的铜枝铁干，像刀，像剑，也像戟；我有我红硕的花朵，像沉重的叹息，又像英勇的火炬。我们分担寒潮、风雷、霹雳；我们共享雾霭、流岚、虹霓。仿佛永远分离，却又终身相依。这才是伟大的爱情，坚贞就在这里：爱——不仅爱你伟岸的身躯，也爱你坚持的位置，足下的土地。"

有人说：人的一生如同在行驶的列车中观看景色，喜好不同，标准不一，各取所获。生命之峰，何以至颠？生命之灯，何以至明？生命之舟，何以至岸？在一直的找寻中不得不慨叹风云际会、人生无常，倍感生命诚可贵，事业犹可追。

假如你的生命戛然而止，你是否为曾经的选择心满意足，假如你的生命戛然而止，你是否会有太多的缺憾？假如我的生命戛然而止，假设一提出，我便释然了，我仿佛找到了我一直寻求的答案！我要表达的便是我为我曾经用心的存在而安定自若，我为我曾经选择的教师职业而安然自足！如果生命可以轮回，我依然愿意捧着一颗心来，不带走半点尘去，我依然愿意用青春的热血浇灌开血红的杜鹃，我依然愿意陪着学生，用不懈的拼搏和努力，洒着汗水，伴着泪水走过一个又一个的春夏秋冬！

军训开幕词

尊敬的参训官兵，老师们，亲爱的同学们：大家上午好！

今天是我校新生军训的第一天，在此，我谨代表同济中学全体师生向参加新生军训的官兵表示衷心的感谢，向参训新生表示热烈的欢迎和衷心的祝贺。欢迎你们和我们一道加入同济中学这个大家庭，祝贺你们在人生的道路上又迈出了可喜的一大步。

军训是同学们进入同济中学的第一课。参加军训，就是要学习军人那种不怕吃苦、敢于吃苦的优秀品质，学习军人那种纪律严明、令行禁止的优秀作风，学习军人那种拼搏奋进、勇创一流的优秀精神。要通过军训锻炼自己的体魄，强健自己的精神，提升自己的素质，荡涤自己的灵魂，来塑造一个全新的自我。在新的学期，新的学校，让我们每一位同学都有一个新的开始，新的境界，创造人生新的辉煌。

在军训的过程中，等待着我们的可能是烈日，也可能是风雨。面对这些，希望各位同学不要退缩，要以饱满的热情投入到军训中，认真学习，刻苦训练，不断磨练自己的意志和提高身体素质，使自己变得更坚强，更勇敢，更自律；使班级变得更团结，更守纪，更文明，为即将开始的初中生活打下坚实的基础，书写灿烂的第一个乐章。

希望同学们在军训期间严格遵守纪律，严格高质量地完成每项训练任务，我希望军训结束的时候每一个同学都可以自豪地说：我进步了，我成功了，我为自己感到骄傲！

军训闭幕词

尊敬的各位教官、领导、老师，亲爱的同学们：大家下午好！

在军训中，我们听到的是教官们沙哑，但依然铿锵的声音，看到的是学校领导、班主任老师忙前忙后的身影，感受到的是同学们在军训中的坚毅！在此，我谨代表初一全体师生向辛勤付出的各位教官，向给我们提供军训机会的学校领导，向亲切、不厌其烦陪伴我们的班主任表示最崇高的敬意和最衷心的感谢！向和我一样圆满完成军训任务的全体同学表示热烈的祝贺！

三天来，操场上沙哑的口令，无数次不厌其烦的动作示范，被烈日晒黑的面庞，被汗水浸透的衣衫，教官们这些让我们感动的细节，无不折射出他们严谨的作风、严明的纪律和吃苦耐劳的精神！这些将永远定格在我们的脑海中，成为激励我们一生奋进的力量。

三天来，我们的校领导和班主任老师，时时陪伴在我们身边，时时悉心呵护、耐心教导、鼓励，时时为我们拍照，留下精彩的瞬间。也正是老师们默默的工作，给了我们能坚持下来的强有力的信心。

刚才，我们在这里展现了飒爽的英姿、高昂的斗志，接受了领导的检阅，心中百般滋味。回想这三天来的军训生活，我们的衣服一次次被汗水浸透，又一次次被骄阳晒干！这不单单是苦、是累，更多的是对我们的挑战。这期间，我们虽然苦过、累过，但从没有放弃过。尽管有同学头晕目眩、体力不支，有同学身体受伤、跌破膝盖，但他们依然咬紧牙关接着训练，轻伤不下火线，坚持到了最后！纵有万般不适，不输的是精神！！是啊，这点苦，这点累，怎能挡住有凌云壮志的我们前进的步伐？当我们一同在操场训练，做着整齐划一的动作，喊着响彻云霄的口号时，我们感受到了团体存在的真谛！我们的呐喊声震耳欲聋时，我们真切地感受到了团结的力量。

"不经一番寒彻骨，哪得梅花扑鼻香？"没有脚痛的折磨，没有烈日的暴晒，哪里会有我们坚强品质的炼成！哪里会有面对挑战如此坚定的信念？苏轼有句话："古之立大事者，不惟有超世之才，亦必有坚忍不拔之志。"这话的意思是只有拥有坚强意志的人才能成功。不论在生活中还是在学习中，都要做意志坚强的强者！就像悬崖缝中的小树苗，即使条件无比艰苦，也努力伸长自己的根，汲取岩石缝中的水分，努力长成。

在短短三天的军训生活中，我们用坚强的意志塑造了一个崭新的自我，我们以自己的行动诠释了青春的真谛，生命的内涵！也证明了我们绝不是怯风怕雨的燕雀，我们是能在暴风雨中展翅翱翔的雄鹰！在今后的学习和生活中，需要我们用更多的脑力、更多的心力和更多的毅力去克服一个又一个困难，攀登一个又一个高峰，夺取一个又一个胜利。

军训让我们真正懂得了什么叫"纪律"，懂得了服从管理、听从指挥。遵守纪律，勿庸置疑，不商量，纪律是铁的，谁都不能僭越！

军训也让我们真正懂得了什么是敬畏、感恩。感恩体现在细节上，不管在校内还是校外，见到老师要有礼貌，问老师好，即使不是教自己的老师也一样问好，所有在校老师都有责任和义务来帮助和教育你。一段话，送给亲爱的同学们：对你要求严厉的老师，你不要心生敌意，反而要心怀感恩。因为只有负责的老师才会顶着种种压力和风险去苦口婆心或大动干戈地管教你，他期待你成才变好，才如此出力不讨好。这是传道授业的悖论，也是为人师者的深情。感恩教官，感恩师长，感恩生命中所有的美好遇见，遇见更好的自己。

通过军训，同学们热爱集体、团结友爱的精神得到了进一步的传扬。一次军训，终生受益！同学们经历的这一军训洗礼，让我们每一个人刻骨铭心。让我们把军训的精神传承和发扬，让我们用汗水书写青春，用坚持描绘蓝图！用意志铸就辉煌，破茧成蝶，飞向更高更远的蓝宇苍穹。

我提议，让我们再次以热烈的掌声感谢各位教官、领导、全体老师的辛苦付出！谢谢你们！你们辛苦了！

退休教师欢送词

尊敬的各位领导、老师们，你们好，很荣幸能作为教师代表为退休老教师的退休仪式发言致辞。首先，请允许我代表全体老师对各位退休教师致以最崇高的敬意，对你们表达最诚挚的感谢！让我们深情地道一声：你们辛苦啦！同济永远感谢你们！

1985 年建校以来，你们的付出和功劳大家都有目共睹，你们是建校的肱骨之臣，你们是共建同济的脊梁，你们是见证同济成长的里程碑！同济中学今天辉煌的业绩秉承着你们的崇高精神，是你们对教育事业的无比热爱和无私奉献精神鼓舞着我们；是你们辛勤耕耘、呕心沥血、刻苦钻研的进取精神感染着我们；是你们以校为家、爱岗敬业、团结务实的教育情怀激励着我们；是你们励精图治、严谨治学、奋发图强的拼搏精神鞭策着我们。今天的成绩包含着你们每位的心血和汗水……

"学高为师，身正为范"，您的教诲是学生生活的尺子；您的言行成为学生模范的镜子。您用严谨的治学态度、言行一致的为人之道告诉学生做人的道理，端正着每一个人前行道路的航标，谱写着季节的春华秋实、岁月的斗转星移。从曾经的年轻、帅气到现在的知天命花甲之年，从曾经的意气风发到现在的华发初现。悠悠三十余载，春风化雨，把一生中最美好的青春时光都奉献给了神圣的教育事业！

您的学生忘不了您辛勤耕耘的身影，忘不了您循循善诱的教导，忘不了您在教室里神采飞扬的激情演讲，忘不了您在课下和学生的促膝长谈……倾尽丹心育桃李，奉献韶华铸师魂。您用知识的甘霖滋润着学生心田，您用青春的热血承传着人类的文明，您用无悔的青春演绎着如歌的人生！您用几十年的执着选择了淡泊，您用几十年的平凡造就了伟大，您用几十年的高尚摒弃了功利，您用几十年的微笑勾画着年轮……

您的同事忘不了您，您在工作中一直乐于吃苦，敢于挑重担，知无不言言无不尽地把自己的教学、生活经验传授给年轻教师；忘不了您无论教学工作还是管理工作，您都用崇高的使命感和高度的责任感去对待，您都能一丝不苟地出色完成任务。你们是我们的同事，又是我们的前辈，更是我们的老师。在你们身上，我们学到了任劳任怨、精益求精的敬业精神，学到了真诚坦荡、相互尊重的待人哲理，学到了治学严谨、一丝不苟的优良作风。你们始终站在年轻教师的前面，站在学生的身边，你们是同济温馨家园的建设者、奠基人。学生和老师们都会肯定与铭记曾经的你们。你们的热情、智慧、勤劳和奉献，为学校今天的累累硕果奠定了基础；你们的使命感、责任感，为学校精神的传承增添了丰富的内涵和靓丽风采。这是学校宝贵的精神财富，是激发师生承担起历史责任的精神动力。

桃李满天下，这是老师最美好的期望；最美夕阳红，这是长者最幸福的时光。

退休是一个人一生中所必然经历的一个驿站，也是我们在职老师无限向往的时期，最难得的是加上"光荣"二字：光荣退休。今天的退休仪式为您几十年的教学生涯画上了圆满的句号更是感叹号，曾经的骄傲和辉煌仍在那灯火阑珊处。

有人说，童年是一个谜，混沌初开，幼稚好奇；少年是一幅画，色彩绚丽，烂漫天真；青年是一片海，热烈奔放，高昂激荡；中年是一座山，高大坚强，挡风遮雨；老年是一片天，包容所有，看透人生；经事还谙事，阅人如阅川。你们领略过海的波澜壮阔，担当过山的巍峨雄壮，现在拥有天空般辽阔的情怀，心胸坦荡如宇。

"岁老根弥壮，阳骄叶更浓"。新的形势、新的目标、新的任务，带来新的挑战。我们需要并渴望能够继续得到你们的热情关怀和悉心指导。"莫道桑榆晚，为霞尚满天"。衷心希望各位老教师一如既往地关心、支持我校事业发展，继续发挥余热，为我校教育事业更上一层楼作出新的贡献。我们衷心希望老教师科学安排好自己的晚年生活，退休不退志，与时俱进，有所作为，积极开展有益身心健康的活动，不断提高生活质量和幸福指数，真正做到"老有所学、老有所为、老有所乐"。

见面时道一声老哥哥、老姐姐你们好吗？临别前嘱咐一声，老哥哥、老姐姐，一定要好好的，往后余生，四季冷暖，万千珍重！也衷心祝愿全体退休老教师阖家欢乐，幸福安康！

谢谢大家！

八年级开学典礼教师致辞

尊敬的各位领导、老师，亲爱的同学们，大家好！

开学伊始，仍然要把龙应台写给儿子安德烈的一段话和大家分享："孩子，我要求你读书用功，不是因为我要你跟别人比成绩，而是因为，我希望你将来会拥有选择的权利，选择有意义、有时间的工作，而不是被迫谋生。当你的工作在你心中有意义，你就有成就感。当你的工作给你时间，不剥夺你的生活，你就有尊严。成就感和尊严，给你快乐。"

今天，我要跟大家交流的关键词有这样几个：品德、梦想、奋斗、习惯、吃苦。

（1）关于品德。我们很感恩生活在这样一个祥和、温暖的国度，让我们活出有尊严的自我。我们的国家曾经多灾多难，命运多舛，我们的国家厉兵秣马，历经几多改变。诚然，人无完人，我们的国家也有很多需要改进和完善的地方。那么，我们如何去对待国家？如何去对待有缺点的国家呢？当你觉得国家有缺点时，不要全盘否定她，而是相信有你我同行，未来一定会更美好！有这样一段话：如果你觉得你的祖国不好，你就去建设它；如果你觉得政府不好，你就去考公务员去做官；如果你觉得人民没有素质，就从你开始做一个高素质的公民；如果你觉得同胞愚昧无知，就从你开始学习并改变身边的人；她有缺点，我们一起修正，而不是一味地谩骂、抱怨、逃离。你所站立的地方，正是你的中国；你怎么样，中国便怎么样；你是什么，中国便是什么；你若光明，中国便不黑暗。国在，家在，你在。离开国家，我们什么都不是。萨克雷说：我们都摆脱冷气，只是向上走，不必听自暴自弃者的话。有一分热，发一分光，就如萤火一般，也可以在黑暗里发一点光，不必等候炬火。星星之火也会汇聚成光！活成一束光，发出耀眼的光芒！

爱国从小处着眼，从爱班级、爱学校、爱家庭做起。感恩师长，规范自己的言行，从点滴做起，从一句礼貌的"谢谢"开始，从日行一善"拣拾校园里的一片碎纸片"做起，从课堂的高效自律、纪律的严格遵守、作业的认真完成做起，爱你的师长，会一直支持你，和你共同撑起未来的天空。做更好的自己！爱最好的中国！

（2）关于梦想。倾听梦想的声音，跟随自己的内心。请带上梦想，因为梦想是我们内心的支撑，让我们有实现梦想的力量！

（3）关于奋斗。丰碑无语，行胜于言。用行动祈祷比用语言更能够使上帝了解。青春是用来奋斗的。因青春之名，为国学习，为自己喝彩发声！

（4）关于习惯养成。亚里士多德曾说，我们反复做什么样的事情，就会变成怎样的人。优秀它不是一种行为，而是一种习惯，优秀的习惯成就了优秀的人。我们要养成：尊重与感恩老师、积极向上、自信乐观的情感习惯，认真观察、积极思考、自学预习、专心上课、善于提问、独立完成作业、仔细审题做练习、练后反思、复习归纳、整理错题集的学习习惯。播种行为，可以收获习惯；播种习惯，可以收获性格；播种性格，可以收获命运。

（5）关于吃苦。网上曾晒出这样一张凌晨时间表：1：00，卖水果的婆婆准备收摊了；1：30，外卖小哥还在给加班的白领送去夜宵；2：00，饭局上应酬的中年人才刚到家；3：00，值班护士正全力配合抢救刚送来的病人；3：30，货车司机已经整装待发；4：30，卖早餐的婆婆吃力地穿过坑洼的弄堂；5：00，唤醒城市的环卫工走上萧瑟的街头。如果你哪一天感到上学累了、倦了，就到凌晨的大街上走走看看。你会明白，这个世界不会因为黑夜的降临，懈怠和熄火。你会明白，你的学习虽然特别累，可总有人比你要累十倍、百倍。

我们都有两条路要走：一条是必须走的学习之路，一条是想走的兴趣之路。你必须把必须走的路走漂亮，才可以走想走的路。

愿所有的坚持，换来的都是繁花似锦；愿所有的苦累，换来的都是海阔天空。人生实苦，学习不易。但请务必相信，当你努力奔跑的时候，全世界都会给你让路。你会奔跑出一幅如日方生图，你会奔跑出一条万里鹏程路！你会奔跑出一片干霄凌云天！

七年级全体教师开学会议讲话

尊敬的各位老师，大家好！

开学伊始，特别愿意跟大家交流分享几个方面的想法。

（1）立足现状，实干筑梦。

在庆祝改革开放40周年大会上，习近平总书记强调，"伟大梦想不是等得来、喊得来的，而是拼出来、干出来的。" 空谈误国，实干兴邦。新时代是奋斗者的时代，清谈客没有舞台，实干家未来无限。

回想一年来我们成绩的取得，就回应了习主席提的主方向：成绩是拼出来、干出来的。我们要有责任感、使命感，更要有危机感、忧患意识！唯有审时度势、认清形势，卯足了劲儿才能不被超越，才能有一席立足之地。从今年的中考看，创造了同济的历史新高，希望以后的同济更加辉煌。

（2）齐抓共管，全员育人。

只有成绩没有明天，没有成绩没有今天。我们有了今天的成绩，更要注重育人。让学生怀感恩之心，遵守纪之规则，明为己学为国学之理。

很多老师认为思想教育是班主任的事，任课老师只负责教学，这是片面的认识。教师的职责其实主要有三点：一是搞好教学；二是做好思想品德教育工作；三是关心学生的身心健康。走出误区，育人不只是班主任的工作，它是所有老师共同的职责。你的课堂你做主，你的课堂你处理，班主任可以从中帮助协调，所以倡议齐抓共管，全员育人。

（3）与时俱进，开拓创新。

我们做的教育是在用从教我们的老师那里习得的方法、用昨天的知识教授今天的孩子，培养明天的人才。"总是重复昨天的故事，拿着一张旧船票登上新的客船。"想想我们自身教书多年来，方法改变了多少，进步了多少，是否一直用同样的方法甚至不如原来的方法教着不同年代的孩子们？

事实也证明，相当一批教师一生中知识水平最高的时期，就是刚刚毕业的那几年，面包刚刚出炉，"色香味形"俱佳。而由于应试教育的熏染，很多教师在繁重的重复劳动中疏于学习，新的观念、新的知识对他没有吸引力，他已经成为庞大的考试机器上的一个部件，成为应试教育流水线上的一个操作工。

教师比学生更需要学习。我们的智慧是有限的，好多领域的知识都不了解，好多应当读的书都没读过，这就让我们始终把继续学习当作生活的主要内容。"了解自己"，是学习的起点。每位教师都有自身的教学优势，要敢于"扬长"，但也要敢于"不避短"，善于向一切可以学习的人学习，当然也包括向学生学习。每个人身上可能都有值得我学习的东西，学习他不是为了成为"他"，而是为了成就"我"。有这样的意识，就能不断开拓学习的新途径。

长期的教学实践会让我们发现更多有趣的问题，探究与思考使自己能以学习为乐事。

还要有创新精神，不日进，必日退。改变与创新大势所趋，势在必行。

我们要用新的方法教授祖国未来的人才！我们要成为仰望星空的思索者，脚踏实地的践行者，与时俱进、与时俱新的逐梦者！

（4）自主探究，小组合作。

教育的真谛就是当人忘记所学之后侵入心脑的人格熏陶、科学价值、科学精神、科学方法、科学思维的长久留存，是各种学习、生活良好习惯的养成。叶圣陶先生也说："学校教育应当使受教育者一辈子受用。"

"授人以鱼不如授人以渔""自主、合作、探究"与"导学"的整合实施，使教师的角色发生了改变，真正成为学生学习的合作者、引导者和参与者。教学过程是师生对话、交流和共同发展的互动过程，是动态的、发展的、愉悦的、富有个性化的创造过程。教师角色的改变，要求教师在教学中要充分关注学生"自主、合作、探究"学习品质的形成和发展，激发学生的学习兴趣，创设丰富的教学环境，建立一个接纳的、支持的、宽容的教学氛围。

（5）阅读留痕，随笔反思。

苏霍姆林斯基在《关于写教育日记的建议》中写到："我建议每一位教师都来写教育日记。教育日记并不是什么对它提出某些格式要求的官方文献，而是一种个人的随笔记录，在日常工作中就可以记。这些记录是思考和创造的源泉。那种连续记了10年、20年甚至30年的教师日记，是一笔巨大的财富。每一位勤于思考的老师，都有他自己的体系、自己的教育学修养。"写的形式可以是日记，可以是随笔，可以是论文等，每一个触动点，都能使你的感情积累喷薄而出，都能让你逢山开路、遇水搭桥、妙笔生花。

记录自己，反思自己，发展自己，成长自己，受益终生！拿起笔，你在一线，你在最前沿，你最有发言权，写下来，你就是作家！

（6）负重前行，单位如家。

据说今年最流行的"扎心三问"：

1）放下手上的工作，你还有其他收入来源吗？(单选) A 没有 B 有；

2）去掉每个月开销，你能剩下 5000 块吗？(单选) A 不能 B 能；

3）如果突然生一场大病，你手上的存款可以应付吗？(单选) A 可以 B 不可以。

有没有被第一问就扎到了，工作是我们生活的支撑，是我们生活的唯一经济来源。新华社强烈推荐我的单位观：什么是单位？单位是我们和社会之间和他人之间进行交换的桥梁，是我们显示自己存在的舞台，是我们美好家庭的后台，是我们提升身价的增值器，是我们安身立命的客栈。诚如一位领导同志所言：如果你是小草，单位就是你的地；如果你是小鸟，单位就是你的天；如果你是一条鱼，单位就是你的海。家庭离不了你，但你离不了单位。没有单位，我们什么也不是。所以，我的单位观为四个字：单位如家。要像看待家一样看待单位，要像爱护家一样爱护单位，要像建设家一样建设单位。

生活和工作从来都不是分开的，工作业绩不好会影响到你的心情、你的生活。所以，从某种意义上说，"努力工作是最大的自私"是很有道理的。

每一个光鲜亮丽的我们，都背负着自己身体的不适与大家庭各种的不易与苦难，更多的是需要。有时，觉得能正常来上班本身就是一种幸福，说明家庭里最起码无大事发生，平淡是福。所以真心希望生活不易的我们在单位工作顺利、心情愉悦、开心。如果谁家有困难，我们是一个团队，能帮上忙的，义不容辞，我们是你坚强的后盾。

（7）团队第一，自我退后。

要有团队精神，当个人利益和集体利益发生冲突时，个人一定服从集体。提出以下几点要求，和大家一起共勉：

1）滴水融入大海，个人融入团队。

2）遵守纪律、服从安排，有困难想办法克服。

3）不拆台，不忘补台。互相补台，好戏连台；互相拆台，一起垮台；明争暗斗，两败俱伤；互相帮衬，相得益彰。在单位，能多干一点就多干一点，总有人会记得你的好。在单位，千万不可以带一个不好的头，不要破坏单位的规则，那就是拆自己的台。在单位要尽量远离那些鼓动你不工作的人，鼓动你闹矛盾的人，那是在让你吸毒品。

4）不做团队的"短板"，如果现在是，就要给自己"增高"。

失败的团体没有成功的个人。一个人走得快，一群人走得远。团结起来才更有力量！

八年级教师会发言致辞

各位领导、老师，大家好！

（1）统一思想认识，珍惜工作时光，体会幸福，拥抱生活。

我们的工作相对来说真的比较稳定，很少有捉襟见肘的困窘，或生活中揭不开锅的危机感。尽管经济上不富足，但也算得上衣食无忧。

珍惜目前的工作机会，体会眼前的幸福。小时侯，幸福是一件东西，拥有就幸福；长大后，幸福是一个目标，达到就幸福；成熟后，幸福是一种心态，领悟就幸福！作为一名教师，要做有幸福感的老师，还要让身边的人因为你的存在而感到幸福。

（2）教学教科研齐头并进，双翅双飞。

教学成效是你的一只翅膀，只有成效没有明天，没有成效就没有今天。评判一个老师看的是学生的成人成才。每一个老师兢兢业业无私奉献，大家都有目共睹。但是还要温馨提示各位老师，教科研包括参加讲课、演讲等各项评选活动，老师们尤其是年轻老师一定要积极参加。每一次参加，都是发展自己的好机会。这是你的另一只翅膀，教学成效，教科研发展自己，两只翅膀要双飞，一只翅膀无法展翅高飞，甚至无法飞起来。

（3）求真至善，锐意创新。如同写一篇文章，写完后要不断地悉心修改、推敲，才能成为一篇美文。做一件事也如此，先完成，再完美。尤其注重每一个环节中的细节。细节决定完美程度。比如每次我们放假之前的最后一节课都同意调成班主任盯班，看似事小，但却非常重要而且必要。班主任在，学生的主心骨就在。既能安抚稳住学生浮躁的心，又能统筹统一出色完成学校和年级布置的各项如"1530"安全教育、卫生大扫除、作业汇总等任务。再比如地生结业中考前夕有四天半的时间学生自己在家复习。地生老师的作业布置可以是笼统的罗列，但我们思量再三，做到了每半天精细化的安排分工，这样细致的要求使每一名学生有的放矢，轻松完成一个个的小目标，如同珍珠穿线，最后领得一串串修成的珍珠。

高尔基曾说：保守是舒服的产物。所以很多人愿意呆在自己舒服的环境里懒于改变，更懒于主动创新。其实，德贵日新。惟进取也故日新，不日新者必日退。八年级一直勤于改变，锐意创新。比如家长学校的开设，因为家长想教育好孩子却苦于没有好的方法，我们想家长之所想，急家长之所急，四期家长学校培训会的学习跟进，让家长们受益匪浅，好评如潮。再比如女子大讲堂的开设，为女生自尊自爱、自觉自律、自我保护都做了详细的解读，为学生们尤其是女生的成长保驾护航！再比如年级书橱、衣架、镜子、题字匾的精心设置，既使我们的工作环境得到了改善，又让我们感到温馨暖心，到了办公室便如同到了家里一样。终日乾乾，与时偕行。也希望每一位老师永葆进取之心，和年级一道锐意进取。

（4）多读书，适当运动。

一个关乎身体，一个关乎精神。读书，就是给我们的灵魂和生命化妆，读书，就是门槛最低、速度最快的高贵。认识世界的方法有很多，读书应该是最快捷的。人的一生要不断地丰富自己，不断读书，终身读书，才能让我们明辩是非、认识自我，知道自己的有限和渺小，提升感知幸福的能力！有的时候你以为你读过的书全都忘了，全是无用功，实际上它早已融入你的血液，变成你身体的一部分，显露在你的谈吐和世界观中。

读书使人明智，能滋养心灵；运动使人活泼，能延年益寿。运动让人自律，让人身体健康，让人充满热情，让人不畏艰险，让人效率提高，让人珍惜时间，让人热爱生活，让人阳光朝气，让人坚韧不拔。读书与运动是在日积月累中不知不觉地改变了我们的人生，改变了我们的生活。运动是对身体的洗礼，读书是对心灵的洗礼。

读书、运动是改变我们人生轨迹投资最低的成本方式。提议所有的老师多读书，与书香为伴，适当运动，与健康同行！身体与灵魂都行走在芬芳向上的路上！

第二十三个教师节讲话

各位领导、各位老师：大家好！

在这个秋高气爽，丹桂飘香的九月，我们欢聚一堂，共同庆祝第二十三个教师节。值此佳节之际，首先请允许我向在座的各位老师表示诚挚的节日祝贺！祝大家身体健康，节日快乐！同时代表老师们向重视教育工作、关心教师思想和生活的各级领导表示衷心的感谢。

从我国第一个教师节恢复到现在，我们切身感受到了党对教育的关心，政府对教育的重视，人民对教育的关注，感受到了人民教师社会地位的不断提高。曾几何时，师范院校门庭冷落，无人问津；曾几何时，为人师者纷纷跳槽，另觅高枝。但在今天，作为新时期的教育工作者，我们欣喜地看到，教师已成为社会上最受重视、最受尊敬的职业之一，我们的付出和劳动得到了回报，由此我们深感责任重大。在市场经济形势下，能够抵御物欲横流的确不易，也许我们失去了做老板经理的机会，也许我们的青春在一代一代学生成长的过程中流逝，也许作为摆渡人的我们把一批批学生送到了彼岸，自己却花白了头发，但我们却赢得了心灵的充实，闻到了桃李的芬芳。因此，我要说：我骄傲，我拥有这个节日；我无悔，我选择了这个职业；我更骄傲，我是一名光荣的人民教师。

身为教师，从走上讲坛的那天起，就注定要以物质的清贫换取精神的富有；就要无怨无悔地守着一方净土，执着一份恬淡，奉上一片爱心，任凭岁月更迭世事沧变，任凭青春流失憔悴红颜，也要守着心中那盏希望之灯，如夸父逐日般的永不言累、永不言悔。记得 2001～2003 年，我担任班主任工作，在各任课老师和同学们的共同努力下，我班的总成绩和我所教的数学成绩连续三年一直稳居第一。杨林霞老师曾评价我是同济中学的一个传奇，我说：我们都只是奋力向前的骑士，希望我们能成为高举旗帜在前的真正的旗手吧。也曾记得 2004 年年初，当时我的孩子刚四个月，学校教学人手不足，需要我来上班，当时孩子太小，婆婆又有病，非但不能照顾孩子还需别人照顾，又来不及找保姆，但我二话没说，当天让邻居先给照顾着，便来上班报到了。每当回家后看到病中的婆婆，看到孩子哭得红红的双眼，我不禁悲伤满怀。为人子女不能侍奉病中的亲人，身为人母不能守护嗷嗷待哺的小儿女，我深感内疚。但想到学生那一双双期渴求知识的眼睛，那一声声饱含深情的"老师好"，我更感到的是为人师的责任，于是一次又一次我毅然地走进课堂，和孩子们一起遨游于知识的殿堂。也许对于家庭，我是一个不负责的成员，对于孩子，我不是一个合格的母亲；但对于学校，我是一个合格的教师，对于学生，我是一个负责的老师。先公后私是我职责所在，舍小家顾大家是我辈风采，选择此路，我无怨无悔，从头来过，我心依然！老师是灯塔，指引学生夜航的路，纠正他们偏离的航向；在他们成功时，用谆谆教导使他们认识到没有比脚更长的路；在他们失意时，帮助他们重拾旧梦，鼓励他们东山再起。在我们这个光荣的群体中，每个人都有自己生活的难处，但是，只要我们一踏进校门，面对那么多活泼可爱的孩子，面对未来的希望，家里再大的事也成了小事，学校再小的事也成了大事。在我们教师的心灵深处，始终有对教育事业的满腔热忱，对学生的滚烫爱心，为了爱我们执着，我们坚韧，我们刚强，我们付出，我们奉献，我们无怨。为了让每位学子在未来路上走好，我们领教了夏夜的蚊虫叮咬，冬日的寒风侵袭；体验了备课时的苦思冥想，处理班务时的处心竭虑；习惯了早晨披星戴月，晚上万家灯火的奔波。教师，固然有着别人无法理解的艰辛，同样有着别人无法体会到的幸福！当亿万学子鱼越龙门、金榜提名时，我们会带着欣慰，带着满足，默默地祝福学生走好今后的每一步。正所谓"待到山花烂漫时，他在丛中笑"！

千里之行始于足下，为了实现教育的美好明天，让我们从现在做起，更新教育思想，确立"育人为本，崇尚学术"的教育观念，适应新形势，以高度负责的精神，爱岗敬业，无私奉献，淡泊名利，乐为人梯，以德立身，公平施教，真正做到"学高为师，身正为范"，无愧于人民教师的光荣称号！无愧于社会对我们的殷切希望！无愧于上级领导对我们的支持和关心。同时祝愿老师们都成为以人格魅力打动学生、以才华智慧折服学生、以奉献精神感染学生的好老师，让我们在各级领导的正确领导下，与时俱进、开拓创新、再接再励、扎实勤奋，用我们的汗水、用我们的爱心为我镇教育多做贡献，再立新功，努力使我镇的教育成为家长满意、政府放心、社会认可的教育。

最后，在这个属于我们自己的节日里，让我再一次恭祝各位领导、各位老师心想事成，万事如意。

谢谢大家！

九年级百日誓师大会讲话

尊敬的各位领导、班主任，亲爱的同学们，大家下午好！

很高兴能和这样一批有目标、有拼劲儿的孩子们在一起做一下交流。今天我跟同学们分享的题目是《梦想，在路上》。

一、行动在即，思想先行

相信每位同学都有自己的理想目标，没有理想和目标的人会迷茫而不自知，因为那是学海上的"灯塔"。但不一定都清楚到底为什么学习，学到什么程度，怎样学好。先跟大家分享一段父子的对话。

"爸爸，我为什么要上学呢？"儿子上学不久问爸爸。

爸爸说：儿子，你知道吧？一颗小树长1年的话，只能用来做篱笆，或当柴烧。10年的树可以做檩条。

20年的树用处就大了，可以做梁，可以做柱子，可以做家具……一个小孩子如果不上学，他7岁就可以放羊，长大了能放一大群羊，但他除了放羊，基本干不了别的。如果上6年学，小学毕业，在农村他可以用一些新技术种地，在城市可以到建筑工地打工，做保安，也可以当个小商小贩，小学的知识够用了。如果上9年学，初中毕业，他就可以学习一些机械的操作了。如果上12年学，高中毕业，他就可以学习很多机械的修理了。如果大学毕业，他就可以设计高楼大厦、铁路桥梁了。如果他硕士博士毕业，他就可能发明创造出一些我们原来没有的东西。知道了吗？

儿子：知道了。

爸爸问：放羊、种地、当保安，丢人不丢人？

儿子：丢人。

爸爸说：儿子，不丢人。他们不偷不抢，干活赚钱，养活自己的孩子和父母，一点也不丢人。不是说不上学或上学少就没用。就像一年的小树一样，有用，但用处不如大树多。不读书或读书少也有用，但对社会的贡献少，他们赚的钱就少。读书多，花的钱也多，用的时间也多，但是贡献大，自己赚的钱也多。

那次谈话对儿子来说印象深刻。从此跟孩子交流既不需要威逼，也不需利诱，孩子会为自己做最好的选择。父亲的话让儿子茅塞顿开，相信也让同学们领悟到了为什么上学的真谛。

因为知识使人生拥有更多可能和选择，知识决定一个人的气质、趣味、眼界、欣赏水平、价值观……这些都是影响生活质量的关键因素，都是知识熏陶的结果。

每个班级都是学校的缩影，每个学校都是班级的代表。同学们每天都做着看似简单、重复平凡的生活。但是，就是把平凡的小事做好，才能成就大事。简单的事情重复做，你就是行家。重复的事情用心做，你就是赢家。仰望星空，脚踏实地，扪心自问：你是否课上积极思考、认真听讲，课间不在走廊教室追逐打闹？值日负责到位？你是否尊敬师长、友爱同学、日行一善？你是否心怀感恩，感恩生命中的所有遇见，感谢这些遇见给予生命的正能量和滋养？感恩还有一百个日夜让我们去追逐梦想，实现理想？

二、青春是用来奋斗的

美好青春，只争朝夕，积蓄力量，蓄势待发。不要辜负十几年象牙塔的时光，它足以撑起你的梦想，让你的目标落地生花。树立目标时要高远，求上得其中，求其中得其下，求其下无得矣。牛津大学的校训是：哪一个登上顶峰的人心中没有傲视群雄的霸气。也正如杜甫诗句中所说：会当凌绝顶，一览众山小。

如果说拥有梦想是一种智力，那么实现梦想就是一种能力。只要努力拼搏，梦想与现实就是一步之遥，如果你贪玩享乐，梦想与现实就相隔千里，雄心壮志固然重要，但更重要的还在于行动中有没有坚韧的毅力，有没有顽强的信念。

有这样一种只生长在中国最东边的竹子"毛竹"，竹子用了四年的时间，仅仅长了3厘米，在第五年开始以每天30厘米的速度疯狂生长，仅仅用了六周的时间就长到了15米。其实，在前面的四年，竹子将根在土壤里延伸了数百平米，它并不是没有成长，而是在扎根。

做人做事亦是如此，不要担心你此时此刻的付出得不到回报，因为这些付出都只是为了扎根，人生需要储备，多少人没熬过那3厘米，我们小学生初中九年的学习不正是为我们的梦想而做的积累储备、去实现我们的人生价值吗？

然而，什么叫价值？事实是同是两根竹子，一支做成笛子，一支做成了晾衣杠，晾衣杠不服气地问笛子："我们都是同一片山上的竹子，凭什么我天天的日晒雨淋，不值一文，而你却价值千金呢？"笛子说："因为你只挨了一刀，而我却是经历了千刀万剐，精雕细刻。"我们亦如此，不经历风雨，怎能见彩虹，梦想的路不可能一帆风顺，相反它会困难重重，一波三折，我们也从来不渴求一帆风顺，因为生活如果一马平川，毫无波澜，就如同人的心电图一般，生活就会销声匿迹了。我们如同蚌里的砂粒，经历海水去磨它、浸它、洗它……经年累月，砂粒变成了一颗颗珍珠，光彩熠熠，我们要经得起打磨，耐得住寂寞，扛得起责任，肩负起使命，人生才有价值。

磨难永远是成长的基石。天将降大任于斯人也，必先劳其筋骨，饿其体肤，空乏其身，行拂乱其所为，所以动心忍性，增益其所不能。不要惧怕磨难，应有"明知山有虎，偏向虎山行"的豪气。在贪玩和放纵的路上也许热闹，但那绝非是群英荟萃，充其量只是小聪明者开个小会而已。放心，你们前进的道路上并不孤单，有爱你的师长一路与你同行，帮助你踢开成长路上的"拦路虎"和"拌脚石"。

三、时不待我，此时不博何时博

曼彻斯特大学校训是努力、努力、再努力。世界上最容易的事情是浪费时间，因为浪费时间最不费力，如果你不能很好地珍惜时间，那么就看看对手那在不停地翻动书页的手吧，往往令你惊奇的是：比你成绩好很多的人都比你更努力！尼采说："每一个不曾起舞的日子都是对生命的辜负！能力有限而努力无限。如果努力到无能为力，拼搏到感动自己，不成功又何妨，事事我必竟争，成功不必在我。

你有没有思考过你想有一个怎样的人生？当我们还是个小孩子时，吃过很多食物，现在已经记不起来吃过什么了，但可以肯定的是，它们中的一部分已经长成我们的骨和肉。曾经学过的习，读过的书，不会成为过眼云烟，它们早就刻在你的气质里，谈吐里，胸怀中，即使没有富庶的生活，仍有富庶的生命，此生智慧和善念永存！只要一个触动点就会喷薄而出，让你懂得敬畏，摆脱庸俗，感到振奋和希望。人生就像一条经过原点、开口向下、时间为横轴、社会价值为纵轴的抛物线，生命的长度不由你决定，但你能决定生命的高度。

孩子，请相信，你在学习上花的每一秒，你的每分努力都会沉淀成就将来更美好的你！孩子，不要抱怨读书苦，苦一阵子，甜一辈子，世界上没有一个人不辛劳，没有一种不辛苦。用功吧，那是你通向世界的路，考试是对于我们这些平民百姓、寒门学子进入社会最公平的竞争平台。走过这段最狭窄的地方，那些你吃过的苦、熬过的夜、做过的题、背过的单词都会铺成一条宽阔的路，带你到山那边你想去的地方。

行百里者半九十！幸福是奋斗出来的！梦想是拼搏才能实现的！让我们撸起袖子加油干，向着自己的目标冲刺吧！

我也非常喜欢《超级演说家》。北大才女刘媛媛的一段演讲的气势和正能量一起分享给同学们。希望这个故事说的是你。她说：人生这么短，我就选择做那种又努力又热情的疯子，永远年轻，永远热泪盈眶，永远相信梦想，相信努力的意义。命运给你一个可能比较低的起点，是想告诉你让你用你的一生奋斗出一个绝地反击的故事，这个故事关于努力，关于梦想，它不是一个童话故事，没有一点点人间疾苦，这个故事是：有志者事竟成，破釜沉舟，百二秦关终属楚；苦心人天不负，卧薪尝胆，三千越甲可吞吴。

谢谢大家。

感恩的心
—— 班会系列

（多媒体电脑播放韩红演唱的《天亮了》……）

跟大家讲一个"生命"的故事，1999 年 10 月 3 日，在贵州麻岭风景区，正在运行的缆车突然坠毁，36 名乘客中有 14 位不幸遇难。而就在悲剧发生时，一对年轻的夫妇，用双手托起了自己两岁半的儿子。结果，儿子得救了，这一对父母却失去了生命。这个生命的故事，深深打动了歌手韩红，经过多方联系，韩红领养了这个大难不死的小孩，并创作了歌曲《天亮了》。

一、感恩父母

感受父母的爱，无论你身在何地，有一个人，她永远占据在你心中最柔软的地方，你愿用自己的一生去爱她；有一种爱，它让你肆意索取、享用，却不要你任何回报……这个人，叫"母亲"，这种爱叫"母爱"。父爱是山，无论你有多大的困难，他总是你依靠的屏障；父爱是路，无论你走到哪里，他都伴你延伸，为你指点迷津，护你一路走好！

自古以来，心怀感恩，报答父母的故事比比皆是。

故事1：小的时候，家里很穷，好长时间才吃一次鱼，并且还是小鱼。每逢吃鱼的时候，她发现妈妈碗里总是放着鱼头，而自己的碗里放着鱼肉。有一天，吃鱼的时候，她不解地问："妈妈你怎么不吃鱼肉呀？"妈妈搪塞道："你吃肉吧，妈妈只喜欢吃鱼头。"从那以后，她真的以为妈妈喜欢吃鱼头。而从那以后，每次吃鱼，妈妈也就都吃鱼头。后来她长大了，进城参加工作了，在城里也有自己的家了。每逢吃鱼，她就把鱼头留下来给妈妈。她也很想吃，但是舍不得吃，因为妈妈爱吃鱼头。有一天，她把妈妈从乡下接到城里来住，就亲自下厨做鱼头给妈妈吃。餐桌上，她把鱼头夹下来放到了妈妈碗内，说："妈妈爱吃鱼头，我从小就知道。"话音刚落，她发现母亲声音哽咽了，眼里流下伤心的泪。"妈妈，你怎么了？"她问。"孩子，妈妈没事，没事……"妈妈哽咽着说。再后来，妈妈走了。家里又吃鱼了，她看见鱼头就思念妈妈。她也很想尝尝鱼头到底有多么好吃——因为她从未吃过，她吃鱼头的时候，眼泪不由地掉了下来。原来鱼头一点也不好吃，鱼头上也没有多少可吃的东西，她顿时恍然大悟，泪流满面。其实并非是所有的妈妈都爱吃鱼头，只是妈妈想把最好的东西留给自己的孩子。回想我们家每逢吃鱼时，奶奶和妈妈总是把鱼肚子上的肉全夹在我的碗里，我就理所当然地统统吃掉。

班主任点评：鱼头的故事，蕴藏着多么伟大而无私的母爱啊！让我们记住母爱，感恩母爱，回报母爱，学会体贴妈妈，好好地爱妈妈吧！

故事2：2004年8月，5岁的男孩童童掉进鲨鱼池。35岁的母亲刘燕带着相机、背着鼓囊囊的背包，啥也没想"咚"的一声跳了下去。把孩子抱在胸前的一瞬间，童童流着眼泪说："妈，我以为我死了呢。"刘燕眼泪倏地流下来，"儿子，你是妈妈的全部。"

故事3：2003年2月，60岁的父亲胡介甫将自己的肾脏移植给了患"尿毒症"的儿子，固执的父亲不容拒绝地告诉胡立新："什么比你的命还重要？我宁可自己没命，也不能看着你死！"

故事4：2004年11月，抚顺劳动公园内，陶女士一抬头，突然发现儿子的右手已在黑熊的嘴里，把孩子手拽回来已经来不及了！陶女士猛地把双手伸进了黑熊的嘴里，一只手代替儿子的小手"喂"给黑熊，另一只手护住儿子的小手，拼命地从黑熊的嘴中往外夺。

班主任点评：父母可以为了孩子牺牲自己的一切，包括生命。

故事 5：汉朝时，大梁有个叫韩伯愈的人，本性纯正，孝敬父母，是一位著名的孝子。他的母亲对他管教很严格，稍微有点过失，就举杖挥打。有一天伯愈在挨打时，竟然伤心哭泣。他母亲觉得奇怪，问道："往常打你时，你都能接受，今天为什么哭泣？"伯愈回答道："往常打我我觉得疼痛，知道母亲还有力气，身体健康，但是今天感觉不到疼痛，知道母亲身体衰退，体力微弱。所以伤心禁不住流下了泪水，并不是疼痛不甘心忍受。"说明了他非常孝敬母亲。

班主任倡导：同学们，学会感恩吧，我们要试着对父母表达自己：亲爱的爸爸妈妈，从现在开始，我要在思想上让你们安心，在学习上让你们放心，在生活上让你们省心，我们决不辜负父母心。我们要行动起来：关心父母，一句问候，一个亲吻，一束鲜花，一个拥抱，一杯浓茶，甚至一句话！

二、感恩老师

感恩老师，因为只有老师是唯一一个没有血缘关系却始终关爱着你的人。师爱默默，大爱无疆。大屏幕显示：

（1）国将兴，心贵师而重傅。

——《荀子·大略》

（2）尊师则不论其贵贱贫富矣。

——《吕氏春秋·劝学》

（3）明师之恩，诚为过于天地，重于父母多矣。

—— 葛洪《勤求》

（4）师道既尊，学风自善。

—— 康有为《政论集·在浙之演说》

（5）教师是人类灵魂的工程师。

—— 斯大林

（6）一日为师，终身为父。

—— 元 关汉卿

几个师恩故事。

故事 1：程门立雪

杨时从小就聪明伶俐，四岁入村学习，七岁就能写诗，八岁就能作赋，人称神童。他十五岁时攻读经史，熙宁九年登进士榜。他一生立志著书立说，曾在许多地方讲学，备受欢迎。居家时，长期在含云寺和龟山书院，潜心攻读，写作教学。

有一年，杨时赴浏阳县令途中，不辞劳苦，绕道洛阳，拜师程颐，以求学问上进一步深造。有一天，杨时与他的学友游酢，因对某问题有不同看法，为了求得一个正确答案，他俩一起去老师家请教。时值隆冬，天寒地冻，浓云密布。他们行至半途，朔风凛凛，瑞雪霏霏，冷飕飕的寒风肆无忌惮地灌进他们的领口。他们把衣服裹得严严的，匆匆赶路。来到程颐家时，适逢先生坐在炉旁打坐养神。杨时二人担心惊动打扰老师，就在门口静候，没有吵醒先生。这时，远山如玉簇，树林如银妆，房屋也披上了洁白的素装。杨时的一只脚冻僵了，冷得发抖，但依然恭敬侍立。过了良久，程颐一觉醒来，从窗口发现侍立在风雪中的杨时，只见他通身披雪，脚下的积雪已一尺多厚了，赶忙起身迎他俩进屋。后来，杨时学得知识的真谛，东南学者推杨时为"程学正宗"，世称"龟山先生"。此后，"程门立雪"的故事就成为尊师重道的千古美谈。

故事2：李世民尊师重道

唐太宗是我国历史上的一代明君，他非常重视对子女的教育，他给几位皇子选择的老师，都是德高望重、学问渊博之人，如李纲、张玄素、魏征、王圭等，而且一再教导子女一定要尊重老师。有一次，李纲老师因患脚疾，行走不便，当时皇宫内制度森严，官员不要说坐轿，就是出入也是诚惶诚恐的。唐太宗知道后，竟特许李纲老师坐轿进宫讲学，并诏令皇子迎接老师。还有一次，唐太宗听到有人反映皇四子李泰对老师王圭不尊敬，所以唐太宗当着王圭老师的面批评皇子李泰说："以后你每次见到老师，如同见到我一样，应当尊敬，不得有半点放松。"从此，李泰见到王圭，总是好好恭迎，听课也认真了。由于唐太宗家教很严，他的几位皇子对老师都很尊敬。贞观六年唐太宗曾下诏曰：朕比寻讨经史，明王圣帝曷尝无师傅哉？前所进令遂不睹三师之位，意将未可，何以然？黄帝学大颠，颛顼学录图，尧学尹寿，舜学务成昭，禹学西王国，汤学威子伯，文王学子期，武王学虢叔。前代圣王，未遭此师，则功业不着乎天下，名誉不传乎载籍。况朕接百王之末，智不同圣人，其无师傅，安可以临兆民者哉？他一方面强调尊师重教，专门下诏书，规定了对待老师的礼遇，并教诫皇子们见师如见父。另一方面鼓励老师，对皇子的过失极言切谏。因此皇子的老师都能够坚定地履行职责，与唐太宗的理解、支持和鼓励是分不开的。九皇子李治被立为太子后，唐太宗对他更加严格要求，李治每次听了父亲和老师的教导，都是毕恭毕敬地肃立，然后感激赐教，表示一定"铭记在心""永志不忘"。

班主任点评：古语说："一日为师，终身为父"，古人尊师重道的精神，被后世传为佳话，令人学习和敬仰，使人追求高尚的道德和树立崇高的信仰。

因此，我们要永远的敬师德、学师德和永铭师恩，这也才是真正为人基本之道。

感恩老师，用粉笔书写辉煌，用心血浇灌花朵。您用火一般的情感温暖着每一个同学的心房，无数颗心被您牵引激荡，连您的背影也凝聚着滚烫的目光……

为人师也有着别人无法体会的幸福。捷尔任斯基说：为别人照亮道路，自己必须放出光芒，这就是人的最大幸福。一半是老师，一半是慈母；一半是培养，一半是呵护；一半是辛苦，一半是幸福。感恩的心，感谢有您！

对生命而言，最感恩的就是生养自己的父母；对智慧而言，最感恩的就是教导自己的老师；对财富而言，最感恩的就是帮助自己实现梦想的贵人；对人生而言，最感恩的就是永远信任自己、支持自己的师长朋友……

感恩那些帮助你的人，让你体会人间的真情；感恩那些需要你的人，让你感受自己的价值；甚至感恩那些伤害过你的人，让你明白成长的意义……

感恩生命，珍惜拥有的幸福；感恩亲情，回味扶持的快乐；感恩师友，表达真挚的感谢；感恩生活，丰富人生的阅历；感恩自然，营造和谐的天地；感恩社会，传递爱心的火把；感恩世界，创造美好的未来。我们要怀着一颗感恩的心！因为感恩，心灵才会得到净化，人性才会闪光，灵魂才能升华。

国旗下的讲话

敬爱的老师、亲爱的同学们：今天我讲话的题目是《拼搏吧，少年》。

拼搏吧，少年

又是一年梅开花香的季节，又是冬月硕果累累的时刻。

转眼间一年的学习生活即将拉下帷幕，期末考试的步伐也日益临近。回望这一学期的生活，我们走得辛苦而快乐，有过辉煌和失落，有过纵横与跌宕。我们一定还记得刚入学时所立下的雄心壮志，不会忘却在教室里努力拼搏的日夜，也不会忘记老师孜孜不倦的教诲与关爱，一学期的时光，同学们完成了一次人生的蜕变与心灵的成长，也学会了如何与优秀同行。课堂上，认真听老师讲课，不要开小差、做小动作，紧跟老师的步伐，并及时完成作业，争取走在老师前面。经常翻阅自己的错题，牢牢记住它，保证下次不会出错。要合理安排时间，制定适合自己的学习计划。要以积极的态度面对这次考试，你会发现，在备战期末考试的这段日子里，不仅有苦也有甜，你要在其中找到乐趣。

回首昨天，有太多的"家珍"可数，展望明天，我们重任在肩。同学们，期末考试的钟声已经敲响，冲刺的号角催促着我们奋勇向前，同学们一定要豪情满怀，信心百倍，带着老师殷切的希望，带着父母深情的叮咛，跨进期末的考场，去书写青春岁月绚丽的一笔，去翻开辉煌人生最精彩的一幕！面对这次期末考试，机遇与挑战并存。同学们，加油吧！让我们带着破釜沉舟、卧薪尝胆的气势，带着长风破浪会有时、直挂云帆济沧海的信心，用一分耕耘，赢得一分收获，以昂扬的姿态和努力拼搏，为我们这一学期的学习生活画上圆满的句号。拼搏吧，少年！此时睡觉，你将做梦；此时奋斗，你将圆梦。祝愿同学们都能取得令自己满意的成绩！

我的讲话完毕，谢谢大家。

自尊自爱　自洁自律　自我防范　自我保护
—— 女子大讲堂

前言：为培养女生自尊自爱、自洁自律、自我防范、自我保护意识，开展了女子大讲堂。

序语："因为我们是女生，所以想和你说说女生之间的那些事儿；如果你是我的女儿，我想对你说说贴心的话；因为你是祖国的花朵，我想看到中国枝繁叶茂、繁荣昌盛的未来，所以我想对你说……亲爱的女孩们，勿忘初心，上更高的平台，做更好的自己！生活成自己喜欢的优秀卓越的美好的样子！"

一、生命第一

生命的魅力也在于它的唯一性，不可重复性。

而生命的话题离不开生死，一个开始，一个结束，一个大喜，一个极悲，生下来，是一个缘分、巧合；死亡，却是一个必然。不论有没有轮回，生命都只有一次。人的生命在自己的哭声中开始，又在别人的哭声里结束。这两次哭声中间，就是人展示自己精彩的旅程，开始和开始之前，结束与结束之后，对于个体人自己是无足轻重的，关键是人生旅途的过程，也就是人活着的当下。人应珍惜当下的旅行，有意识地用美好的心态和善良的举止，把旅程的痕迹描绘得精彩纷呈、美丽多姿，既对得起自己的首次啼哭，更对得住别人惋惜的泪水。

怎样的人生才是有意义的人生？ 保尔·柯察金曾说过："人，最宝贵的是生命；它，给予我们只有一次。人的一生，应当这样度过：当他回首往事时，不因虚度年华而悔恨，也不因碌碌无为而羞耻；这样在他临死的时候，他就能够说：我已经把我的整个生命和全部精力，都献给了这个世界上最壮丽的事业——为了人类的解放而斗争。"

人固有一死或重于泰山或轻于鸿毛。反映的就是生命追求的不同，生命的价值就不一样。而在我们同学们中，遇到一点挫折、失败就妄谈生死，耍脾气时 "死"字挂在嘴边，甚至有用小刀划伤自己手臂等自残行为。可悲，可叹！如何看待挫折呢？ 就像西·切威廉斯所说：人生是一次航行。航行中必然遇到从各个方面袭来的劲风，然而每一阵风都会加快你的航速。只要你稳住航舵，即使是暴风雨，也不会使你偏离航向。苦难是人生的老师。惟其痛苦，才有欢乐。人的一生就像心电图一样，有起有落，若一帆风顺就证明你 over 了。"身体发肤，受之父母，不敢毁伤，孝之始也。"也就是说，人的躯干四肢、毛发皮肤，都是父母赋予的，不敢予以损毁伤残，这是实行孝道的开始。再者，如果有心事，可以写日记或可以找家长、老师或好朋友倾诉等，要有自己宣泄感情的方式方法。

生命是"1"，事业、名誉、金钱、地位、友情等都是"1"后面的"0"，若没有前面的"1"，后面的"0"再多也变得毫无意义。珍爱生命，热爱生命，莫让年华虚度！

二、平安快乐成长

关于长大：我们都是毕业的时候才爱上学校的，我们都是结束的时候才想好好开始的，我们以为长大了才会和父母好好相伴，原来长大才是真正的分开……成长也是这样，我们也是需要涅磐的凤凰，同样只有经过困难、痛苦的锻造之后，才能来到一个新的境界，获得成长。青春如酒，成长正醇，所有美好的，都将被分享，所有错误的，都将被原谅，而所有不成熟的，都可以慢慢等待。

在成长的过程中，不只心理随着变化，身体也会有变化。作为女生的我们，每月会来例假，经期要做好保健：

（1）保持私处清洁。经常用干净的温水冲洗私处，避免经血结痂。

（2）保持乐观和稳定的情绪。

（3）适当控制运动量，月经期要注意休息，保持充足的睡眠以增强机体抵抗力，避免剧烈的体育运动和重体力劳动。

（4）注意保暖月经期身体抵抗力下降，盆腔充血，要注意保暖。要避免淋雨、涉水、游泳或用冷水洗澡、洗头、洗脚，也最好不要在太潮湿的地上坐。夏天不要喝过多的冷饮，以免受寒、着凉，刺激盆腔血管收缩，导致月经减少或突然停经，引发其他疾病。

（5）注意饮食卫生，加强营养，月经期间可吃些容易消化吸收的食品，如蛋类、瘦肉、豆制品、蔬菜、水果，同时还要多喝开水，增加排尿次数，冲洗尿道，以预防炎症。

（6）做好月经周期的记录，通过记录可观察自己月经是否规律，也便于做好经前的准备。如果月经没按日期来潮，应当去找医师就诊，以便及时发现原因。

总之，这几天里情绪波动会比较大，喝水不要喝凉水，要喝温水，运动要适量，不要剧烈运动，忌吃生冷辛辣食物等。尤其到了夏季，摧残孩子的最佳方式就是以爱的名义给他吃冰激凌。在这里我强调一下为什么孩子不要吃冷饮？因为夏天吃冷饮，就等同于把0℃的水倒进37℃的胃里，可小便却是热的，人体的温度是37℃，是谁把0℃的冰水转化成37℃的尿液呢？是脾胃！脾胃喝了以后受不了，没有能力再运作，就从肾里面调出元气转化成热能来给它加热成37℃，最后肾气就不足。这样会导致孩子体质逐渐变差，容易感冒、厌食挑食，还会发展出各种慢性病，比如鼻炎、咽喉炎等。如果真的爱孩子，请给他杯温开水。

随着年龄的增长，要慢慢学着照顾好自己！包括生活、学习，还有心情。生活方面要自理、自立、自强，自己的事情自己做，别人的事情帮着做，适当做一些力所能及的家务。学习要自律，有规律合理的作息时间，学习要高效，为自己的梦想而拼搏！照顾好自己的心情，快乐、积极向上，不要生病，要有良好的心理素质。

三、交友

一根稻草捆在白菜上就卖白菜价，捆在韭菜上就卖韭菜价，可捆在大闸蟹上那就是大闸蟹的价格。你想变成什么样的人，你就和什么样的人交往。你能走多远取决于与谁同行！和勤奋的人在一起，您不会懒惰；和积极的人在一起，您不会消沉；与智者同行，你会不同凡响；与高人为伍，您能登上巅峰。积极的人像太阳，照到哪里哪里亮；消极的人像月亮，初一十五都一样。生活中最不幸的是：由于您身边缺乏积极进取的人，缺少远见卓识的人，使您的人生变得平平庸庸、黯然失色。如果您想聪明，那您就要和聪明的人在一起，您才会更加睿智；如果您想优秀，那您就要和优秀的人在一起，您才会出类拔萃。读好书，交高人，乃人生两大幸事。近朱者赤，近墨者黑。与凤凰同飞，必是俊鸟；与虎狼同行，必是猛兽！

而我们同学们中存在着很多的交友误区，比如所谓的讲"哥们儿义气"、认"干哥哥""干姐姐"、女生的"男闺蜜"、乱交网友等。"哥们儿义气"、认"干哥哥""干姐姐"等是指无原则地拉帮结伙，为同伴的事感情胜于理智，置法规法纪、校规校纪于不顾，甚至称霸班级学校，为害一方。当朋友受到别人的"欺负"时，往往二话不说，挽起袖子就冲上前去，帮朋友打架，出一口气，把蛮干、鲁莽看成是英雄行为，要知道帮助或包庇违法犯罪的人干坏事也是一种犯罪行为。靠所谓义气纠集在一起的人，他们的志趣是一起吃喝玩乐、贪图享受，由于彼此间靠利益而不是靠信赖、真诚和平等，因此他们的团伙就像易碎的玻璃器皿一样，随时会因为些许小事而分道扬镳甚至反目成仇，这样的事，同学们已经是屡见不鲜了。好的朋友就是你远航时的和风，就是你旅途中的良伴；而不好的朋友就是你人生中的绊脚石，就是你生命之歌中不和的音符，所以选择很重要。

同时学会拒绝，学会保护自己。拒绝各种不良诱惑，要做到不受人挑唆，不被人利用，不轻易相信别人的花言巧语，要有最基本的自我判断力。要坚守自己的底线原则，不去做违背自己、违背道德甚至违法的事。拒绝去容易产生不良诱惑的地方，比如游戏机厅、网吧、赌场、酒吧以及一些按摩足浴场所等。远离产生诱惑的根源，这样利于我们去抵制不良诱惑，时刻做到严格要求自己。

四、心怀善念，不欺凌弱小，杜绝校园欺凌

所谓"校园欺凌"，就是以大欺小，以多欺少，以强凌弱，像这样的事例在我们的校园内外时有发生，让我们的心情不免沉重。它不但会伤害你的身体，还会使一颗纯净的心灵走向弯曲，使人精神受到痛苦折磨，严重时，还会威胁你身边人的生命安全。这不仅违背了中华几千年来的传统美德——友善，而且不利于践行社会主义核心价值观，更重要的是极其容易伤害到同

学们的身体、心理以及家庭。

校园暴力常见的有几种表现形式：

（1）索要钱物，不给就软硬兼施、威逼利诱；

（2）以大欺小，以众欺寡；

（3）为了一点小事就大打出手，伤害他人身体，侮辱他人人格；

（4）同学们因"义气"之争，用暴力手段争短论强；

（5）不堪受辱，以暴制暴，冲动报复；

（6）侮辱女同学；

（7）侮辱、恐吓、殴打教职员工。

近年来我国性质恶劣的"校园欺凌"事件有很多。震惊中外的"中国留美学生虐待同学案"，因男女情感琐事，十余名中国留美学生以强迫吃沙子、剪掉头发等残忍手段，将同班同学刘某虐待长达7个小时。事后，刘某在当地报警。案件最终在洛杉矶高等法院宣判，主犯翟云瑶、章鑫磊和杨雨涵三人分别被判13年、6年和10年的监禁。

山东省兰陵县的8名中学女生对一位初一女生进行群殴，她们效仿网络中的打人视频，将打人过程拍摄下来并上传网络。

南京一名初中生被高年级学生索要钱物，拒绝后遭到殴打，后被拉至厕所并被强迫吸食大便。还被用手机拍下殴打和侮辱他的过程并发送给其他学生。

这些同学的举动令人触目惊心。他们的心灵已被扭曲，良知已被埋没，完全跨过了道德的底线，人人闻之而唾骂。

那么我们如果遇到校园暴力我们应该怎么办呢？又应该如何做才能更好地保护我们自己和有效地抵制校园暴力呢？我觉得我们应该做到如下几点：

（1）遭到校园暴力侵害的同学，应在学校、警方或家长的帮助下，制止暴力，绝不能逆来顺受或以暴治暴。

（2）与不法行为作斗争一定要讲策略，运用智慧，具体情况具体分析，尽可能避免正面的直接搏斗，以免引起不必要的伤亡。必要时满足对方提出的要求，与此同时一定要记住对方的体貌特征，及时报警，或向老师、家长寻求帮助。

（3）当有人，尤其是陌生人，约自己到校内、外偏僻地方去时，一定要坚决拒绝；当不法分子到来时，一定要想办法逃脱，并积极寻求帮助。

（4）要增加法制意识，当冲突发生后，要勇敢地站出来，用法律武器维护自己的正当权益。

唯有坚决抵制校园欺凌、严肃杜绝校园暴力，才能还美丽校园真正的美好与宁静,才能给无数莘莘学子一个安心学习、健康成长的天地。

莎士比亚说:心怀善念,培植善念。善良的心地,就是黄金。让我们友善地去对待我们的同学、朋友,不要被一时的冲动冲昏头脑,成为人人唾弃的欺凌霸道者。

五、自尊自爱,自洁自律,自我保护

每个人都有两个自我,一个真善美正能量满满的"天使",一个假恶丑负能量爆棚的"魔鬼"。我们要用自己的毅力去掉出口成脏、出怪动静等坏毛病,摆脱内心的纠结和挣扎,让"天使"战胜"魔鬼",让自己成为纯洁、善良、真诚、快乐的美丽使者。

要有"是非心、羞耻心、恻隐心、宽恕心、孝敬心、诚信心、感恩心与责任心",不和男生有亲密的肢体接触,要有身体底线。背心、裤衩覆盖的地方不许别人摸,你的身体属于自己,他人不得冒犯。男女同学之间要懂得避嫌,心中有"界限感",是一个负责任的人最起码的底线,更是我们对所爱人最基本的尊重。爱与不爱,在与其他异性相处的界限感中都能体现。喜欢就会放肆,喜欢是欲望的满足,但爱是克制。爱她就不要说出来,不要打扰她。说出来的爱不一定是真爱,爱是成全别人的梦想,爱是无私,爱是纯洁,爱是奉献。

每位同学都要自尊自爱,自洁自律,还要对社会、对人性有一定的善恶估计,有自我保护、防范意识!

这里有几个发生在我们身边的真实案例,同学们作为警省。

案例 1:刘某某等人强奸案

基本案情:2014 年 12 月 5 日至 2015 年 7 月 23 日期间,被告人刘某某、李某、魏某某等 6 人,在被害人刘某未满 12 周岁或者明知其为不满 14 周岁幼女的情况下,对被害人刘某实施奸淫。其中被告人刘某某、李某、魏某某等 4 人结伙在德州经济技术开发区尚佰克酒店等酒店内对被害人刘某实施轮奸行为,被告人魏某某致使被害人刘某怀孕。

处理结果:检察院提起公诉后,法院分别对被告人刘某某等 6 人判处有期徒刑 7 年至 15 年不等。

案例 2:于某某强奸案

基本案情:2015 年 8 月,被告人于某某通过微信与被害人何某某(2001 年 10 月 10 日出生)相互认识,后相约多次见面并先后两次与被害人发生性关系致其怀孕。2015 年 9 月 5 日被害人何某某邀请其朋友郑某甲和郑某乙两人到被告人于某某家中写作业，当天被告人于某某为被害人何某某写了部分物理作业，当晚被告人于某某明知被害人系在校初中二年级学生的情况下，仍与被害人发生性关系。检察院提起公诉后，于某某被判处有期徒刑 5 年。

这两个案例的共同点尤其应该引起我们的高度重视。

入罪的原因：与不满 14 周岁的幼女发生性关系。

熟人作案：同村熟人、网友。

后果严重：均怀孕。

我们要相信世间的善，但也不能低估潜在的恶。当罪恶降临时，你要有足够的警觉性，马上告诉给老师、家长、警察，或者寻求就近人群的帮助，还要用自己的智慧去战胜恶魔，希望你自尊、自信、独立、坚强，希望你憧憬真爱的美，但要抵制人性的恶。

六、给女生同学的几点建议

（1）外出时，随时与家长联系，不可在别人家夜宿，天黑前一定要回家。

（2）不要让人随便接触你的身体，不管是否认识，尤其是单独相处时，一定要回避异性过分的举动。如果碰上有人故意碰你的身体，一定要严厉制止，不能表现的胆怯懦弱。

（3）应该避免单独和异性在家里或是宁静、封闭的环境中会面，尤其不能独自到异性的家里去。

（4）不要去各种酒吧或歌舞厅等成人娱乐场所。

（5）不要和陌生人说话，不喝陌生人的饮料，不吃陌生人的糖果。你有权不听陌生人的话，对陌生人你有权利说不。你没有能力帮助陌生人。

（6）与父母闹别扭时切不可赌气离家出走。

（7）如自己做错了什么事，不要让人作为把柄来要挟你，威胁你听从他的摆布。应勇敢地承认错误，跟父母说，做一个心地坦荡、光明磊落的女孩。

女生应该拥有的四样东西：扬在脸上的自信、长在心里的善良、融进血液的骨气和刻在生命里的坚强。

一个新时代的女生，不自卑，不倨傲，温柔敦厚，不失纯真；气定神闲，稳如泰山，深沉如山，透彻如水；能够透过现象准确把握事物的本质，不固执，不迷失，恬淡自省，俯仰无愧，得一份大自在，大欢喜。

疫情期间家长代表发言

尊敬的各位老师、各位家长、亲爱的同学们：大家好！

我是周江山的家长，也是同济中学一名老师。作为家长和老师的双重身份，感慨万千。首先感谢班主任孙老师给予我的这次难得的机会，我也代表所有家长感谢所有辛勤付出、无私奉献老师们！老师，你们辛苦啦！

一场突如其来的新型冠状病毒肺炎疫情，让我们共同经历了一个极为特殊的假期，考验着国家和民族的智慧，也考验未来接班人的责任与担当，它值得我们珍惜与铭记。疫情拦住了师生们重返校园的脚步，让面对面的谆谆教诲变得遥不可及，也不得不让我们以这种特殊的方式交流分享。

同学们，你们是学校的主角，是学习场上最有意义的载体。想到你们洋溢着自信的笑脸，我都会蓬勃出"少年强则中国强"的责任，看到你们因充实了知识而睿智的目光和星星一样闪亮，我又会为教育的伟大而感慨。此时此刻，我想与居家学习的你们及家长朋友共勉。

一、要肩扛责任

年少亦怀天下事，居家未敢忘忧国。在这场没有硝烟的战争中，那些"不计得失无论生死"的逆行者，那些衣白褂、破楼兰、疫情不除誓不还的白衣天使，那些先到位、后收场、当压舱石的军队医院人民子弟兵，那些一直不眠不休身在一线的警察和社区工作者，在大难面前，他们怀着对祖国和人民赤诚的爱，扛起挽救国家于水火的大任……白衣天使需要冲上去营救生命，人民教师需要留下来守住未来。冲和守都是一种责任，都是一种担当，都是一种奉献。而开学将至，在人员密集的学校，最美逆行者一定是老师！每个历史时期，都有这样的"中国脊梁""时代英雄"。同学们，你要知道，历史的答卷终有一天会落在你的肩上，无论你身处何方，身兼何职，你要知道，有一份责任必须要承担，有一份使命必须要完成，因为你是中国人。

二、要心怀感恩

作为学生，要学会做人，学会生存，学会健体，学会审美，更要学会感恩，感恩无处不在。对我们国家而言，那些向我们伸出援助之手的国际友邦，我们也是"投之以木瓜，报之以琼瑶"，现在中国正急人之所急，开始积极提供各种国际援助,中国人民在疫情防控中展现出了巨大的中国力量、中国精神和大国的无畏和担当!同学们,我们生在中国是幸运的、自豪的,我们拥有现在的生活学习条件也是幸福的!正如此时,都让我们感恩不已,我们要对父母感恩,对老师感恩,对学校感恩,对社会感恩,对国家感恩,感恩每一个为我们遮风挡雨的人。要多记得别人对自己的善待和帮助,滴水之恩当以涌泉相报,善和爱才会在彼此之间流动。

三、要自信自律、自强不息

天行健君子以自强不息,良好的行为习惯和高尚的道德情操是你们实现理想的关键。点燃内心奋斗的火焰,自带光和热,成为家庭的骄傲,让生活在自己周围的人感到幸福。心动更要行动!如果青春的时光在闲散中度过,那么将来我们拿什么来回忆青春呢?无奋斗,不青春!奋斗是青春最亮丽的底色,所有的成功者都是在战胜孤独和艰辛后才会笑傲江湖。你先走完你必须走的路,才能走你想走的路。寒门学子,普通人家,读书学习这条路不是唯一的,却是最公平的竞争之地。我们很清楚我们的主要任务是学习,长本领,改变疫情靠的是知识,疫情告诉正在学知识的你:唯有读书才匹配得上成长着的生命。读好书才有更好的选择的权利和机会。这正是我们努力学习的原因。“一个有希望的民族不能没有英雄,一个有前途的国家不能没有先锋”。自疫情发生以来,如灯塔一般照亮引领的钟南山被称为“有院士的专业,战士的勇猛,国士的担当”。要做一个像钟南山那样有科学知识的人。知识不仅能改变我们的生活,还能救人于水火。当危险来临的时候,你不是害怕,而是用自己的知识去战胜危险。学好科学知识,不仅对个人有利,更对我们的国家有利。为国读书,完善自我。

疫情当前,为了同学们的安全,开学可能还会继续延迟,让勤奋的自己打败懒惰的自己,自信自律,主动学习,登峰造极的成就源于自律。自律者出众,不自律者出局。只有当你尝试做到自律,在恰当的时间地点,做好自己该做的事,既不拖延,也不懈怠,你的生活才能真正受你支配。放弃自律、放纵自我的人,得到的只是暂时的自由,最终将会付出惨痛的代价。有这样一段话:人生是马,自律是缰。信马由缰,必将偏离轨道,甚至会有粉身碎骨的风险。人生是舟,自律是水。以水推舟,方能自在扬帆,驶向自己人生价值的彼岸。希望同学们谨遵父母嘱托,牢记师长教诲,脚踏实地,自律自强,发扬钉钉子的精神,以抓铁有痕、踏石留印的韧劲做好居家学习。用知识缝制铠甲,不远的将来,各行各业都将由你们披甲上阵。“少年雄于地球则国雄于地球"。你们怎样，未来的中国就怎样！

四、家校合作

十年树木，百年树人。同学们，你只要在努力前行，你肯努力前行，不管多慢，老师们都会领着你跨越你可能会遇到的沟沟坎坎，玉汝于成！家长朋友们，只要孩子在努力，请一定给孩子信心和鼓励，相信孩子一定会收获比成绩更重要的毅力和坚强！有足够的陪伴最好，有效陪伴是最长情的告白，不要错过父母教育感化孩子的有效期，毕竟我们"最伟大的事业"是教育好我们自己的孩子。如果忙着手边的工作，就无法拥抱陪伴孩子，就让孩子感受忙碌、充实、奋斗中的你，让孩子知道世界上没有一件事不辛苦，没有一个容易人，没有一件容易事。无论哪个时期，哪个年龄段，奋斗是人一生的主旋律！生命不息，奋斗不止！家长做好自己，做好一日三餐等后勤保障，做好孩子们的心理疏导，消除烦闷情绪，引导教会孩子照顾好自己，包括照顾好自己的学习、生活和情绪，更能让孩子找到学习的榜样！孩子的榜样就是您！让我们家校联手，配合学校老师们的各项要求，为孩子们并不遥远的明天和立志成才的梦想保驾护航！

亲爱的同学们，殷忧启圣，多难兴邦。打不倒我们的，终将使我们更加强大。岁月不待人、时间不等人。请相信，带着责任、担当、感恩、家国情怀于心，一切都是最好的安排。心系阳光，春暖花开，一中将会敞开大门等你们回来！

2020 年 4 月

我的教育教学心得

浅谈家庭教育中的夫妻关系与亲子关系

摘要：著名精分大师曾奇峰说：家庭中最核心的关系是夫妻关系，当夫妻关系和谐时，孩子的人格往往比较正常。王惠萍教授也指出：当孩子出问题时往往是孩子背后的家庭出了问题，尤其是夫妻关系出了问题。所以送给孩子最大的爱就是爸爸爱着妈妈，妈妈爱着爸爸，营造和谐的夫妻关系。

关键词：夫妻关系，亲子关系，和谐，最好的爱

很多人都知道婚戒是戴在无名指上的，但是有谁知道它的寓意呢，我们通过一个小游戏来了解每个手指的寓意：首先大家伸出两手，将中指向下弯曲，对靠在一起，就是中指的背跟背靠在一起。然后将其他的4个手指分别指尖对碰。请张开那对大拇指，大拇指代表我们的父母，能够张开，每个人都会有生老病死，父母也会有一天离我们而去。现在请合上大拇指，再张开食指，食指代表兄弟姐妹，他们也都会有自己的家世，也会离开我们。

请合上食指，再张开小拇指，小拇指代表子女，子女长大后，迟早有一天，会有自己的家庭生活，也会离开我们。那么最后，请合上小拇指，再试着张开无名指。你会发现无名指怎么也张不开，因为无名指代表夫妻，真正的爱情，粘在一起后，是永生永世都不会分开的！所以，结婚钻戒要戴在无名指上。

通过以上的游戏，大家便能很自信地回答下面的问题了。

一、问题：夫妻关系、亲子关系您认为哪种关系更重要？

精神分析学的创始人弗洛伊德的一种观点：如果用俄狄浦斯情结的三角关系——家庭合力三角形中三角形的三个顶点代表你的一家三口，你会怎么画？画出的三角形的形状位置则代表了你对家庭中夫妻关系和亲子关系的认识观点。

二、夫妻关系在家庭教育中的重要性

一个家庭的核心首先是夫妻关系，其次是亲子关系。孩子是从父亲身上认识到什么是男人、丈夫、父亲，从母亲身上认识到什么是女人、妻子、母亲，从父母身上认识到爱情、夫妻、婚姻以及男人和女人是怎样一起交往和

合作的。一个男人如果不尊重他的妻子，那么，他的儿子就学会了在学校不尊重他的女同学。一个女人如果不尊重她的丈夫，那么，她的女儿就学会了在学校瞧不起她的男同学。

和谐的夫妻关系给孩子带来正能量，有安全感、归属感，有良好健全的人格，糟糕的夫妻关系会带给孩子消极、怨恨、悲观等不良情绪，使孩子内心纠结，没有清晰的价值判断。

夫妻关系的好坏最终影射在孩子的表现上，决定着家庭教育的成败。

三、夫妻关系的三种状况

（1）温馨和谐型。对孩子来说，这是理想的教育环境，沐浴在父爱母爱里，孩子有自信心，在宽松民主的气氛下成长，孩子懂得宽容，能充分发挥自己的想象力、创造力，有健康的人格，极易成功。

（2）孩子的教育以某一方的教育为主导。以父母一方的教育为主，另一方附和依从，这样的环境下成长的孩子内心也没有矛盾冲突，也比较容易成功。

（3）家庭矛盾不断。糟糕的夫妻关系带给孩子消极、怨恨、悲观等不良情绪，使孩子内心纠结，没有清晰的价值判断。

如果让您选择一种你向往的家庭关系，你一定会毫不犹豫的选择第一种吧。即使最美好的婚姻，一生中也会有二百次离婚的念头，五十次掐死对方的冲动……因为夫妻矛盾具有以下几个特点：

（1）广普性：有冲突的夫妻关系是普遍存在的。冲突是夫妻生活的一部分，关系再好的夫妻在日常生活中也会闹矛盾。

（2）重复性：同一冲突会重复出现。

（3）隐蔽性：有时冲突并不被另一方所觉察。

四、夫妻之间发生矛盾冲突的主要原因

夫妻之间发生矛盾冲突的主要原因有：（1）价值观差异；（2）性格差异；（3）角色期望差异；（4）权力的争取与竞争；（5）家务事；（6）生活习惯；（7）工作压力；（8）姻亲关系；（9）金钱；（10）性；（11）子女；（12）业余生活；（13）外在因素；（14）其他。

另外，从人性看夫妻矛盾，从人与人、男人与女人的不同看问题，看法也会不一样。比如男人和女人，你想让老公给你买礼物，你还不说，你甚至说不需要，太浪费钱，你还在等老公把礼物买回来。你让老公猜谜，还得猜中，

还得行动。男人最害怕的就是女人让他猜，猜不对还抱怨满天，男人就崩溃了。女人背后的语言是：你为什么不懂我？你不懂我，你就不爱我。要么说，女孩女人的心思你别猜，猜来猜去猜不明白。

其实，我们从原生家庭中习得的很多习惯、受到的影响告诉我们，我这样，就是对的。殊不知对方有他的习惯和看问题的角度。可能没有对与错，仅仅是每个人看问题的角度不一样。原生家庭的影响具体体现在以下几个方面：

（1）原生家庭是一个人的宿命。

每个人的一生都有两个家，一个是我们从小长大的家，有爸爸妈妈和兄弟姐妹；另一个是我们长大后结婚成家，重新组建的家庭。其中第一个家就是我们的原生家庭，而当我们有了孩子，我们又变成了孩子的原生家庭。

著名的家庭治疗师维吉尼亚·萨提亚曾经说过："一个人和他的原生家庭有着千丝万缕的联系，而这种联系有可能影响他一生。"

而印度合一大学创始人阿玛巴关也说："生命中大部分的人际关系都是孩提时代与父母关系的复制。所有人际关系都反映了你与父母的关系，所有关系都会真实反映你与父母之间所发生的事。"

在每个人的一生中，对他影响最早、最大、最久的就是原生家庭。我们从出生开始，就一直受到系统成员的影响。

或许我们看不见，但那些父母的思想观念、性格特点、行为方式、夫妻关系等又确确实实在潜移默化地影响着我们。

从某种角度上说，原生家庭确实会影响一个人的一生命运。

（2）原生家庭的第一大影响：亲密关系。

在心理学中有这样一个理论：我们的亲密关系、婚姻、情感模式往往来自于童年时期与父母之间互动的心理经验。

原生家庭是个人情感经验与两性相处方式学习的最初场所。一个人的婚姻是否幸福，通常在他成长的家庭和他童年的经历中就已经埋下了种子。

一个人在原生家庭中有所缺失的部分，往往会在成年后拼命加倍找回，甚至带入到未来的恋爱、婚姻中去寻找，给亲密关系带来困扰；而一个人在原生家庭被满足的部分，反而容易做出取舍。

就像民国才女张爱玲，自小缺失父爱，被父亲嫌恶、否定、殴打，甚至叫她去死，于是她长大后就会把自己对理想父亲的渴望投射在伴侣身上。先后两段婚姻，胡兰成比她年长 14 岁，赖雅比她大 29 岁。而张爱玲自己也曾坦露自己的婚姻观："我一直想着，男人的年龄应当大 10 岁或是 10 岁以上，我觉得女人应当天真一点，男人应当有经验一点。"这种择偶观的形成，其实就是她对父爱的追寻。

张德芬老师也曾说过："在亲密关系中，我们都会无意识地把爱人当成小时候的父母，继续和他完成我们未完成的课题。"

（3）原生家庭的第二大影响：性格特质。

李开复说："在批评中长大的孩子，责难他人。在恐惧中长大的孩子，常常忧虑。在嘲笑中长大的孩子，个性羞怯。在羞耻中长大的孩子，自觉有罪。""在鼓励中长大的孩子，深具自信。在宽容中长大的孩子，能够忍耐。在称赞中长大的孩子，懂得感恩。在认可中长大的孩子，喜欢自己。"短短一段话，道出了不同的原生家庭，会带给孩子怎样不同的性格特质。

认识一位姑娘，从小听话懂事，成绩优异。她的父母对她要求非常严格，稍有不对，就是一顿教训，甚至动手就打。而这造成的结果就是，她一直不敢与他人交流，始终无法融入集体之中，因为她心中有着很强烈的自卑感和不安感，总觉得自己是不够好，是不被喜欢的。

心理学上认为：孩子的自信，以及对自己作为一个人的价值的肯定，从根本上讲都是来源于父母无条件的爱。

如果一个人在童年时期没有得到足够的爱，或者发现父母的爱是有条件的。自己必须听话，必须懂事，必须做得足够好，才能得到父母的爱。那么，哪怕他之后取得再大的成就，他的内心也始终是匮乏的。

所以，那些从小与父母亲密的孩子，长大后往往会更有自信，在人际关系中游刃有余。反之，孩子就很容易自卑，出现社交困难等状况。

（4）原生家庭的第三大影响：亲子关系。

我曾经看过一幅很有意思的漫画。孩子犯了错，爸爸拿起鸡毛掸子就要打儿子，这时候，爷爷一手拉住儿子，一手抄起鸡毛掸子就喊道："爸爸跟你说了多少遍了，不要打你儿子！"原生家庭最可怕的地方，就在这种强大的延续性。如果我们在原生家庭里受到的创伤没有得到疗愈，那么就很可能在自己孩子的身上重演悲剧。

就像有些父母对孩子脾气很差，动不动就是又打又骂。孩子长大了，发誓自己绝对不对孩子发火，结果每次孩子一做错事，他就控制不住自己的坏情绪。

还有些孩子，从小就与父母关系冷淡，等他们长大后，想要和孩子亲近，却发现自己和孩子的关系越来越疏远。这并不是因为他们不想对孩子好，而是因为他们不曾在原生家庭体会到好的亲子关系，所以也不知道该如何与孩子好好相处。想要改，就必须经过长时间的学习和成长。

就像国际顶级家排导师伯图·乌沙莫所说：父母能够自然给予孩子的爱，通常是他们从自己父母那里得到的爱。作为一个父亲，如果我从我的父母那里得到很多爱，我对孩子的爱就会很自然地流动；如果我没有从自己的家庭得到足够多的爱，那么就很难把爱自然地给予孩子。孩子是复印件，父母是原件。孩子所有的问题都是家庭问题的折射。

树叶枯萎，是树的本身树根出现了问题。孩子生病应该给大人一剂良药，治病须治本。成长后的自己或多或少是身边至亲的人、师长和朋辈所潜移默化的影响，我们不自觉地已成为影响别人的榜样或成了别人的鉴戒。

有一首小诗《你以为我没看见的时候》，写的就是家庭中父母对孩子潜移默化的影响。小诗是这样写的：

> 你以为我没看见的时候，
> 你把我的第一幅图画挂在冰箱上，
> 于是我想再画一幅。
> 你以为我没看见的时候，
> 我看到你喂一只流浪的猫，
> 于是我想对动物仁慈点是很好的善行。
> 你以为我没看见的时候，
> 我看见你为我做爱吃的蛋糕，
> 于是我知道小事也很重要。
> 你以为我没看见的时候，
> 我听见你祷告，
> 于是我相信上帝的存在，而且我可随时跟他说话。
> 你以为我没看见的时候，
> 我感觉到你给我的晚安亲吻，
> 于是我觉得被爱。
> 你以为我没看见的时候，
> 我看到你流泪，
> 于是我知道有时候事情虽令人伤心，但哭还是可以的。
> 你以为我没看见的时候，
> 你笑了，
> 于是我立意要让别人看见我也像这般的美丽。
> 你以为我没看见的时候，

我看见你关心别人，

于是我也愿意竭尽一己之力。

你以为我没看见的时候，

我看见了……

我要为一切你在没看见时所做的事，说声谢谢！

（5）原生家庭的第四大影响：金钱关系。

路易斯海在《生命的重建》一书中列出了一些"与钱过不去"的限制性信念，包括：钱是丑恶、肮脏、邪恶的；我很穷，但是我很清白；我永远不会找到好工作，永远挣不到钱；赚钱是很困难的；我不够好，不值得拥有……通常情况下，那些在物质上过得拮据，或者是拥有财富也始终感到匮乏的人，大多都有以上的某种或者几种限制性信念。而这些信念，往往都是在他们的原生家庭和成长环境里塑造而成的。

就像有些父母一味地要求孩子节俭，总是跟孩子说"赚钱不容易，你省着点花。"久而久之，孩子的心中就很容易产生一种强烈的不配得感，不敢花钱，不敢对自己好。甚至变得非常自卑，总觉得自己不如别人。

还有一些人，因为童年一些遭遇，会对金钱有一种强烈的抓取欲。总觉得只有金钱才能带给自己足够的安全感，于是不惜一切代价地想要得到更多的财富。就像《人民的名义》中的赵德汉，贪污两个亿，一分钱不敢花，就只是因为穷怕了。

金钱的意义应该是让人过得更幸福。但是对于这样的人，哪怕他从外在得到再多，也始终无法填补内在的匮乏。

（6）如何疗愈原生家庭创伤，活出爱与力量？

原生家庭会影响人的一生，如果童年时受的创伤没有得到疗愈，那么就会让成年后的我们依然陷在这个限制之中，并且越陷越深，苦苦挣扎。所以，出于对自己负责、提升生命质量的目的，疗愈原生家庭创伤是非常重要的一课。

因为无论是亲密关系、亲子成长、自身性格特质，还是你和金钱的关系，一个不曾疗愈原生家庭创伤、摆脱父母束缚和控制的人，是注定不可能真正做自己、拥有自己的人生的。

幸而，原生家庭之痛也并非无药可解。萨提亚认为人的一生有三次出生。第一次出生，是精子与卵子的结合，创造了一个生命；第二次出生，是母亲把我们生下来，进入一个已经存在的家庭系统；而第三次出生，就是我们成为自己的决定者。对于前两次出生，我们根本没有选择的权利，但是第三次出生，却可以完全由自己掌控。每个人都倾尽一生，在找寻自我的定义。或许探寻内心的路远比走向外界的路更加艰难，但我们都需要一些勇气去疗愈心中的那个"家"。

穿越原生家庭中的爱与痛，与内在父母和解，然后完成那个追寻幸福快乐的自己，重塑自己的人生。

五、正确看待夫妻冲突

夫妻共同营造了怎样的家庭氛围决定了给孩子一个怎样的原生家庭。夫妻之间有冲突有其消极的一面，也有积极的一面。消极方面：夫妻之间为了不同的需求和目标发生冲突，会产生不良的情绪体验和行为后果，因此冲突是不好的。积极方面：冲突体现了一种权利、一种地位或一个独立人对于自身价值的肯定和对自己意见的尊重，同时也要求对方尊重。在冲突中，双方的不同意见和反对情绪都可以宣泄出来，不仅能使双方深化了解，而且能使人得到某种心理上的安慰。

幸福的婚姻不是没有冲突，而是能够建设性地解决冲突，而不是回避或掩盖冲突。据调查，关系最融洽美满、和谐稳定的，不是为有点小事就吵得不可开交的夫妻，也不是那种举案齐眉、相敬如宾的夫妻，而是那些有较深感情基础，但又经常发生一些小小冲突的夫妻。一见钟情的婚姻隐藏着一定的风险，美貌及性的魅力会逐渐减弱，假如婚姻缺乏其他基础，或不能过渡到以人格相容性为基础的爱情，那么这种婚姻往往出现危机。

婚姻具有促使双方心理健康的功能，性格可以互补，价值观必须相容。舒婷的《致橡树》就充分说明了这一点。双方各自独立，也互相理解，不互为条件，却互为动力，不是小鸟依人，而是互相平等的。

附：《致橡树》

我如果爱你——绝不像攀援的凌霄花，借你的高枝炫耀自己；
我如果爱你——绝不学痴情的鸟儿，为绿荫重复单调的歌曲；
也不止像泉源，常年送来清凉的慰藉；
也不止像险峰，增加你的高度，衬托你的威仪。
甚至日光，甚至春雨。
不，这些都还不够！
我必须是你近旁的一株木棉，作为树的形象和你站在一起。

根，紧握在地下；叶，相触在云里。

每一阵风过，我们都互相致意，但没有人，听懂我们的言语。

你有你的铜枝铁干，像刀，像剑，也像戟；

我有我的红硕花朵，像沉重的叹息，又像英勇的火炬。

我们分担寒潮、风雷、霹雳；

我们共享雾霭、流岚、虹霓。

仿佛永远分离，却又终身相依。

这才是伟大的爱情，坚贞就在这里：

爱——不仅爱你伟岸的身躯，也爱你坚持的位置，足下的土地。

其实，世上没有一件事不辛苦。幸福来之不易，互相理解，互相包容吧。爱情易，婚姻不易，且行且珍惜。幸福婚姻不是一蹴而就，需要双方进行长期而深入的磨合，总是没有耐心就不能挖掘到婚姻的清泉。

有一幅拉车图很让人动容，如果拉车的是你，上有爹和妈，下有妻和娃，一不小心打个滑，你能给家人留点啥？也许你是别人眼里的草，但你却是家人的天。作为一个男人，要活出担当；作为一个女人，要活出责任。男人累了，那是因为：背后没有助推的女人。女人累了，那是因为：没有拉车的男人。父母累了，那是因为：没有了能担当的儿女。孩子累了，那是因为：没有了该像个家的家。所以你活着，不要让自己太轻松，因为他们需要你的真实存在，而不仅仅是一个称呼而已。别觉得自己活得苦，活得累，活得委屈，其实每个人活得都不容易。只不过别人的难处，别人的辛苦，你没有看到罢了。累就对了，因为我们正在走上坡路；苦就对了，谁不是在苦中作乐品尝幸福。所以活着就有疲惫，就有汗水，就要奋斗，就要折腾，就要历经风雨，就要担起肩上的责任。世上没有一件容易事，没有一个容易人。

六、夫妻关系对亲子关系的影响

有这样一幅图：夫妻两人站在悬崖两边，拉紧绳子，向两边拖拽，孩子双手拉着绳子，被吊在绳子中间，婚姻就像这幅图，无论谁放手，受伤的都是孩子！多经典的话，也正诠释了夫妻冲突给孩子造成的影响。所以从你选择了婚姻有了孩子那一刻，你就必须拉紧你的绳子，负好你的责任。要么不要，要么不弃！珍爱眼前人，且过且珍惜。

有一组数据调查说明夫妻关系对亲子关系的影响：

爸妈恩爱：孩子性格健康开朗；

爸妈情感淡薄：孩子任性自私；

强势妈懦弱爸：男孩胆小、懦弱；

爸妈过早离异：孩子冷漠，没安全感；

爸妈相互指责：孩子敏感、执拗；

爸妈打架：孩子暴力、暴躁。

我们再来关注身边家庭的孩子们：

（1）第×中学学生案例。

初一男孩，三岁时被爸爸打耳光，想喊妈妈爸爸不允许，仍然一直喊，直到爸爸暴跳如雷，妈妈坐卧不安。

12岁前的6个月发生质变：对爸爸大打出手。

儿子：你敢打我。我灭了你。你信不信，我捅死你。

儿子俨然是父亲的复制品。

（2）史×良案例。

外表木讷，成绩差，屡次不完成作业。曾趁家长上夜班玩手机一个通宵。父母精明，神采奕奕。对比明显。

父母认为自己要求很少：只要先完成作业就可以玩，随便玩，还承诺完成作业就带着出去玩，吃饭，可孩子偏偏就是完不成了，周末两天都在家写作业，仍然完不成。结果就是什么也玩不了，哪里也去不了。

这个孩子的问题在哪里？父母剥夺了孩子选择的权利。这是一个比较乖的孩子，选择了服从。但事实上他的内心是抗拒的，孩子面对那样坚定强势的父母很难表达自己的情绪，但压抑的东西并没有消失，只能通过行为表现出来。你看，你让我做作业我就做，这些题我不会做呀，我得思考呀。你让我早上五点起来背单词我背了呀，可是我脑子笨，背不过呀，总不能掐死我吧。父母还能说什么？一点点办法也没有了。焦虑的父母，通过自己对孩子的高度控制缓解自己的焦虑，但是却牺牲了孩子的本性，让孩子不能做自己。孩子就是为了完成爸爸妈妈的任务去学习，为爸妈而活的孩子没有欢乐，没有动力，如同一台机器，不给它加油，只让它工作，它的能量只会越来越少，甚至枯竭。

内在动机和外在动机在推动个体行为、活动中都会发挥作用。但是，外在动机只有在不损害内在动机的情况下才是积极的。如果外在动机的作用大于内在动机的作用，个体的行为主要靠外部奖励的推动，那么此后，个体对外部奖励不满的话，他的行为、活动的积极性就会大大降低，结果毁掉的是个体活动的内在动机。

（3）小丽的案例。

小丽，小时候就听妈妈说爸爸有多不好，开始跟着妈妈哭，后来看着妈妈哭，再后来妈妈哭就哭，跟我有什么关系。回到家听到妈妈唠叨就烦：你活该，你还毁了我呢，转身离开。

（4）×文文案例。

行为：发烧，肚子痛，后背痛，头晕，呕吐。

能力：保护自己。

价值规条：我只有不舒服了我才有资格不去上学。

身份：聪明有活力的孩子。

系统：把孩子的创新能力放到班级中去，他会找到价值感。

这属于典型的躯体形式障碍（症状获益），当父母的关系出现问题时，孩子会主动去做一些自我伤害的事，比如不上学、生病等，使得父母的注意力转移到他身上，而不再理会他们之间的问题，以此来拯救父母之间的关系。但做父母的，会因为不理解这种行为而斥责孩子。结果，孩子伤害了自己后，再一次被父母伤害。

（5）赵×栋案例

夫妻在孩子小时疏于照顾，爸爸要求严格，唠叨，大小事情对儿子都不满意，鞋子没放到规定地方、吃零食后垃圾放在桌子上，都会唠叨不停。一次儿子偷拿姥爷一百块钱后对其进行毒打。四五年级时调整工作可以拿出精力来照顾孩子了，天天晚上陪伴孩子，但孩子做作业动力不足，上课走神，成绩不见起色，用父亲自己的话说是恨铁不成钢，有时甚至想杀死儿子。

儿子也气急败坏：我已经忍你很久了！

（6）药家鑫案例。

药家鑫是西安音乐学院大三学生，2010年10月20日深夜，驾车撞人后，发现被撞者张妙在记自己的车牌号，拿出刀子，连捅张妙8刀，致其身亡，后驾车逃跑，以极端形式逃避过错。

2011年5月20日，陕西省高级人民法院对药家鑫故意杀人一案进行了二审公开开庭审理，并宣判：依法驳回上诉，维持死刑原判。6月7日上午8时，药家鑫在西安被以注射方式执行死刑。

父母寄予其将来光宗耀祖，平时管教过于严厉。四岁开始学钢琴，之后成长中的生活模子，都是父母为其设计好的。正验证了以下的亲子对话：

父母：我把所有我能给的一切都给了你。

孩子：你给的不是我想要的。

孩子所表现出来的一切问题归根结底是家庭的夫妻关系出了问题。

做你的孩子幸福吗？孩子是怀着多少的爱意选择了我们的家庭啊。欣赏八岁的孩子呈现给家庭的诚意吧。

小诗：挑妈妈
—— 朱尔（8岁）

> 你问我出生前在做什么
> 我答"我在天上挑妈妈"
> 看见你了
> 觉得你特别好
> 想做你的儿子
> 又觉得自己可能没那个运气
> 没想到
> 第二天一早
> 我已经在你肚子里

七、经营好婚姻和家庭

（一）夫妻关系和谐相处之道

每一段婚姻都来之不易，都是需要经营的，就像花儿、树需要浇水施肥一样。如果你爱对方，就一定要好好经营，让你们的婚姻长久地持续下去。

如何经营夫妻关系呢？第一点，对待对方要给予充分的尊重和信任。夫妻之间，尊重和信任为先。因为尊重和信任往往能架构起夫妻双方沟通的桥梁，如果夫妻之间没有尊重和信任，每说一句话都会保持怀疑的态度，不用过多久，这段感情就会破裂。尊重和信任，是经营夫妻感情非常重要的方法之一。第二点，沟通、倾听和包容。沟通要让对方了解自己的心灵，只有将它表露出来，对方才能知道。良好的沟通除了表达自己之外，同时积极倾听对方并给以反馈也是非常重要的。倾听不仅有助于了解对方，而且也是体贴尊重对方的表现，同时也是在向对方传达着这样一个信息：他也应该这样倾听自己的声音。包容需要换位的思考，双方中的一方都会有因为一件事或者一个人等原因而造成情绪波动的时候，而这个时候另一方就需要学着去包容。第三点，给对方一定的私人空间。每个人都是有隐私的，并不是说你们结婚了秘密就可以共享了。在婚姻中确实有一部分秘密是可以共享的，但是还有一部分需要保持一定的神秘感，如果一件事情对方不想让你知道，千万不要去刨根问底，因为这样会让对方感到非常厌烦，导致对你的态度越来越差。遇到这种事时，一定不要再追问，等到对方想要告诉你的时候，自然会告诉你的。第四点，尊重对方的父母。在一段婚姻中，无论对方有多爱你，你都一定要尊重对方的父母。因为是对方的父母将对方养大的，在他的原生家庭里，都彼此挚爱着对方，这种亲情是任何人替代不了的。接纳爱人，包括也接纳他的家庭。如果做到了这一点，你们的夫妻感情才可能更融洽。另外，男人是用来崇拜的，女人是用来疼爱的；家庭是谈情的地方而不是讲理的地方；用接纳和包容代替雕刻和改造。

（二）做好自己，成为自己

做父母的先成长起来，孩子才能茁壮成长。修身、齐家，才能治国平天下。

每个人都有能力活好自己，当你去负责别人的命运时，整个系统都是乱的，做好自己，成为自己。

朱熹《朱子家训》原文："君之所贵者，仁也。臣之所贵者，忠也。父之所贵者，慈也。子之所贵者，孝也。兄之所贵者，友也。弟之所贵者，恭也。夫之所贵者，和也。妇之所贵者，柔也。"可以解读为：作为国君，最重要的是怀有仁慈的心。作为臣子，最重要的则是忠诚。为人父，最重要的是慈爱。为人子，最要紧的则是孝道。作人的兄长，最要紧的是友爱弟妹。作为弟妹，则要恭敬兄长。作丈夫的，最重要的是态度平和。作妻子的，则必须重视温柔的作用。《朱子家训》精炼地涵盖了个人在家庭和社会中应该承担的责任和义务，强调做自己该做的事，做好自己。

下面我们来欣赏一首小诗《让花成花，树成树，让每个人都成为最好的自己》，会有更深刻的启示。

花本花，雾本雾
把自己还给自己，把别人还给别人，把孩子还给孩子，
让孩子长成本来该长成的样子
哪怕是我们借用爱的名义，去改变我们身边的人，
那都是被妄念所控的不当行为
我们总是认为，只有指出别人身上的问题，才是爱他，才能让他更好
其实，事实是我们想让别人，按照我们想的样子生活
这隐藏在背后的事情，是我们贪图控制他人的欲望，让这个世界听我的，
我是王者

而这一切源于，我们自己对未来的恐惧

担心，不安，爱的缺乏，甚至是我们自己深深的自卑

如果我们是用赞叹的眼光看别人的好处，

会发现他本来就很完美，没有问题，

每个人所在的位置，是他所能处的最佳的位置

他所做的事，都是此时此刻他想去体验的事

一切都是对的，一切都是好的

把自己还给自己，把别人还给别人，把孩子还给孩子，

让孩子长成本来该长成的样子

真正改变一个人的，不是控制他，不是否定他，

而是让他认识到，他可以做更好的自己，

而这一切的实现，

是我们自己用完美的生命，去把别人影响了的结果

不必诅咒战争，只需歌颂和平，不必丑化黑暗

只需赞叹光明，不必指出毛病，只需肯定长处

平庸的大夫看谁都有病，高明的大夫看谁都没有病

所有的病，都是心病，我们的心好了，整个世界都好了

我们的心平静了，整个世界都安宁，我们只是焕发了内心的愉悦

快乐生活的普通人，没有谁是别人的救世主

控制别人，就是控制自己，

解放别人，就是解放自己，

所谓自由，就是让别人自由

让花成花

让树成树

让每个人都成为最好的自己！

（三）教育是一场修行

经常有人聊起：要孩子是为了什么？传宗接代还是养儿防老？今天，终于听到一个很令人感动的答案：为了付出与欣赏。不求孩子完美，不用替我争脸，更不用帮我养老。只要这个生命健康存在，在这个美丽的世界上走一遍，让我有机会与他同行一段……这段话很美，美到想哭，于是告诫自己：换个方式去爱孩子！只要他健康、快乐，足矣！《目送》中写道：我慢慢地、慢慢地了解到，所谓父母子女一场，只不过是意味着，你和他的缘分就是今

生今世不断地目送他的背影渐行渐远。你站在小路的这一端，看着他逐渐消失在小路转弯的地方，而且，他用背影默默告诉你：不必追。

北大才女赵婕写到："我钦佩一种母亲，她们在孩子年幼时给予强烈的亲密，又在孩子长大后学会得体地退出，照顾和分离都是母爱在孩子身上必须完成的任务。亲子关系不是一种恒久的占有，而是生命中一场深厚的缘分，我们既不能使孩子感到童年贫瘠，又不能让孩子觉得成年窒息。做母亲，是一场心胸和智慧的远行。"——也送给所有的母亲。

父母的威信是父母价值和力量所在。著名思想家、文学家、哲学家胡适更认同母亲的作用。他曾对秘书说过这样一番话："娶太太，一定要受过高等教育的；受了高等教育的太太，就是别的方面有缺点，但对子女一定会好好管理教养的。母亲有耐心，孩子没有教不好的；孩子教不好，那是做母亲的没有耐心的关系。"

（四）做父母的有效期：不该偷懒的十年

我该说的、该教的、该做的，都应该早就都做足了，是到了验收的时候了。这验收的是父母的教育方针，也是孩子对外界的应变能力。"过期"后的父母再怎么努力，也比不过10年前来得有效了。

我突然很感叹，我告诉我自己，我必须要在黄金时期内帮我的孩子做好面对未来的准备。因为时间真的过得很快，一转眼就过了。我不想将来只有叹气、摇头的份儿。是呀！父母是有有效期限的。小孩儿是老天爷（或上帝）给我们的礼物，当你不珍惜的时候，老天爷或上帝就把这份甜蜜的礼物收回了。父母也是有"有效期"的，在孩子最依赖的十年里用心教养，提供依靠，一旦孩子长到青春期，父母再怎么努力，也再无法提供实质性的影响。如果在孩子需要的时候父母忽略了教养，将来孩子再怎么叛逆，父母也只有摇头、叹息的份儿了。

（五）要注意和孩子的沟通技巧、处理情绪的技巧

如何说孩子听，如何听孩子说？沟通效果的来源：文字7%，声调38%，身体语言55%。在培养孩子沟通技巧的时候不能仅仅立足于语言沟通的方式，还应该采取多种渠道的教育方法，用不同的方法与孩子进行良好的沟通可以更好地培养孩子与人的沟通能力。比如声调的柔和与身体语言，你的一个爱的抱抱，一个爱抚的动作都会让孩子感到无比的温暖。

处理情绪的技巧：混合法、生理平衡法、海灵格法、现场抽离法、逐步抽离法等。一分脾气七分害。贫穷不会带来教育的失败，但精神的虐待一定会制造一个问题儿童。让孩子生活在精神的虐待中，就如同给他带上了终生痛苦的枷锁。很多家长把孩子的任性、不听话、顽皮捣蛋归咎在孩子身上，其实每一个问题儿童的背后，必有一个问题父母。处理问题时，先处理心情，再处理事情。当你无比冲动时，转过身（可以是实际的真实转身，也可以是心灵的转身），给自己一个转化情绪的机会，冲动是魔鬼，对解决问题有害无益，情绪转化后的你会轻松自如地解决问题的。

（六）教育孩子关心父母

当一个人习惯了接受，就不易懂得感恩。教育孩子关心父母，培养孩子去追求为父母带来幸福，在孩子眼中父母应首先有权享受幸福。

要从小事入手训练培养孩子孝敬父母的行为习惯：听从父母教导，关心父母健康，分担父母忧虑，参与家务劳动，不给父母添乱等。如关心家长健康方面，要求孩子每天要问候下班回家的父母；当父母劳累时，孩子应主动帮助或请父母休息一下；当父母外出时，孩子应提醒父母是否遗忘东西或注意天气变化；当父母有病时，孩子应主动照顾、多说宽慰话、替他们接待客人等。孩子应承担必须完成的家务劳动，哪怕是吃饭时摆筷子。根据孩子的年龄、能力、学习情况合理分配，具体指导，耐心训练，热情鼓励。

（七）赏识教育

赏识教育的倡导者周弘认为：即使别人哪怕天下人都瞧不起你的孩子，做父母的也要满含欣赏的眼神拥抱他。他会朝你赞美的方向走来。赞美才是真正的通灵状态。你希望要一个什么样的孩子，从你的内在你一定会传递给他，心想事成。

周弘被誉为"中国第一位觉醒的父亲""第一位发现孩子没有错的教育家"，全球第六届热爱生命奖得主、北京市家庭教育指导服务中心首席专家，一位普通的父亲，用20年的时间探索出赏识教育，不仅把双耳全聋的女儿周婷婷培养成留美博士生和首届海内外《中国妇女》十大时代人物，而且改变了成千上万孩子和家庭的命运，中央电视台、《人民日报》、新加坡《联合晚报》、马来西亚《联合日报》等国内外近千家媒体争相报道他所创造的教育奇迹。

赏识教育认为：没有种不好的庄稼，只有不会种庄稼的农民；没有教不好的孩子，只有不会教的父母！农民怎样对待庄稼，决定了庄稼的命运；家长怎样对待孩子，决定了孩子的一生！农民希望庄稼快快成长的心情和家长希望孩子早日成才的心情完全一样，但做法却截然不同：庄稼长势不好时，农民从未埋怨庄稼，相反总是从自己身上找原因；而我们孩子学习不行时，家长却更多的是抱怨和指责，很少反思自己的过错！

就像世界上没有完全相同的叶子，我们得到了最爱的叶子。源头父母放慢脚步，寻回丢在路上的灵魂。

八、父母和孩子一起成长

（一）放慢脚步，静待花开

牵一只蜗牛去散步

中国台湾　张文亮

上帝给我一个任务，叫我牵一只蜗牛去散步。我不能走太快，蜗牛已经尽力爬，为何每次总是那么一点点？我催它，我唬它，我责备它，蜗牛用抱歉的眼光看着我，彷佛说："人家已经尽力了嘛！"我拉它，我扯它，甚至想踢它，蜗牛受了伤，它流着汗，喘着气，往前爬……真奇怪，为什么上帝叫我牵一只蜗牛去散步？"上帝啊！为什么？"天上一片安静。"唉！也许上帝抓蜗牛去了！"好吧！松手了！反正上帝不管了，我还管什么？让蜗牛往前爬，我在后面生闷气。咦？我闻到花香，原来这边还有个花园，我感到微风，原来夜里的微风这么温柔。慢着！我听到鸟叫，我听到虫鸣。我看到满天的星斗多亮丽！咦？我以前怎么没有这般细腻的体会？我忽然想起来了，莫非我错了？是上帝叫一只蜗牛牵我去散步。

教育孩子就像牵着一只蜗牛在散步。和孩子一起走过他孩提时代和青春岁月，虽然也有被气疯和失去耐心的时候，然而，孩子却在不知不觉中向我们展示了生命中最初最美好的一面。孩子的眼光是率真的，孩子的视角是独特的，家长又何妨放慢脚步，把自己主观的想法放在一边，陪着孩子静静体味生活的滋味，倾听孩子内心声音在俗世的回响，给自己留一点时间，从没完没了的生活里探出头，这其中成就的，何止是孩子。

（二）手表定律，教育理念一致

有这样一则故事：一名游客穿越森林，把手表落在岩石上，被猴王捡到了。后来，猴王又拥有了一块手表，却也带来了麻烦：两块表的时间不一样，猴群的作息时间也因此变得混乱。一段时间后，猴子们造反，把猴王推下了宝座。

手表定律告诉我们：对于任何一件事情，不能同时设置两个不同的目标，否则将使人无所适从；对于一个人不能同时选择两种不同的价值观，否则他的行为将陷于混乱。一个人不能由两个以上的人来指挥，否则将使这个人无所适从。教育孩子时，父母教育理念必须统一，否则孩子将会无所适从。

（三）停止唠叨，防止超限效应

大文豪马克·吐温听牧师演讲，最初感觉讲得挺好，打算捐款；10分钟后牧师还没讲完，他不耐烦了，决定只捐些零钱；又过了10分钟，牧师还没讲完，他决定不捐了。等牧师结束演讲时，气愤的马克·吐温不仅分文未捐，还从盘子里偷了两元钱。这种由于刺激过多或作用时间过久而引起逆反心理的现象，就是"超限效应"（比如妈妈的唠叨，老师的拖堂，持续的批评絮叨而引发的逆反）。

父母的唠叨和农药一样，过度使用就使虫子产生免疫力，孩子反复听到家长同样的话，一旦习惯内心就开始抗拒了。当家长一说，就在脑中想方设法躲避，尽可能想着与当前唠叨毫不相干的东西，从而忽视掉父母的声音。于是，家长在唠叨时，经常可以观察到孩子走神或"神游"的情况。会教育孩子的父母，是宽容、宽松、宽厚的，而不是对孩子做的每一件事指手画脚。好父母会尊重孩子，变"说"为"听"，只是对孩子提出原则性建议，这样才能获得孩子的信任和认同。反过来，如果孩子长期被唠叨，在负面情绪的影响下，以及逃无可逃的处境，他们就会启动"选择性失聪"来保护自己。

（四）给孩子一定尺度的自由

自由是每个人骨子里最珍爱的东西。孩子尤其应该舒展他们的天性，无拘无束地成长。孩子是一个完美独立存在的世界，他幼小身体里深藏着无限蓬勃的活力，他在生命的成长中有一种自我塑造、自我成型的表达潜力，就如一颗种子里藏着根茎、叶片、花朵，在合适的条件下自然会长出来一样。家长如果有农人的信念和适度，孩子一定会成长得更好。

父母可以把孩子作为世界的中心，但是不要忘了父母也要过独立的生活。如果父母完全围绕孩子转而没有了自己的生活主题，这样的父母常常会以爱的名义干扰孩子的成长。有时侯，并不是孩子离不开父母，而是父母离不开孩子。

（五）给家庭适当的仪式感

很多事情看似平凡简单，却一点点构成了我们生命中的一部分。仪式感能让我们时刻记住生活中的一点小确幸，值得被想起，庆幸曾经历。

仪式感是什么？法国童话《小王子》里说，它就是使某一天与其他日子不同，使某一时刻与其他时刻不同。培养仪式感就是用心对待生活中那些看似平凡的小事。

仪式感为孩子注入安全感（如晚安、睡前小故事），仪式感让孩子目标更清晰（如生日时商量目标计划），仪式感给孩子一份美好的回忆（如家长会、亲子运动会、汇报演出），仪式感提升家庭幸福感（如生日结婚纪念日送花）……

（六）陪伴是最长情的告白

《爸爸我要买你一小时》是一个很令人思索回味而又让人倍感酸楚的小故事。

一个人工作到很晚，带着疲惫与愤怒回到家里，却发现5岁大的儿子正在门口等他。

"爸爸，我可以问你一个问题吗？"

"当然，什么问题？"

"爸爸，你一个小时赚多少钱？"

"这不关你的事。怎么问这样一个问题？"父亲生气地说道。

"我只是想知道。请告诉我吧，你一个小时赚多少钱？"小男孩乞求地说。

"真想知道就告诉你吧，我一小时赚20美元。"

"噢，"男孩说着，低下了头。接着，他抬起头来问："爸爸，我可以借你10美元钱吗？"

父亲生气了："如果你问这个问题，只是为了借钱买无聊的玩具或其他没用的东西，那就赶紧回你的房间睡觉去。想想你怎么会这么自私。我每天工作这么辛苦，得到的竟是这样幼稚愚蠢的举动。"

小男孩静静地走进自己的房间，关上了门。这个人坐下后，更加为这个男孩的问题生气了。这孩子怎么敢问这样的问题，就为了借些钱呢？大约过了一个小时，他才平静下来，开始想：也许他真的需要这10美元买什么东西呢，他并不是经常要钱花。于是这个人走到小男孩的门口，打开了门。

"你睡了吗，孩子？"他问。

"没有呢，爸爸。我醒着。"男孩回答。

"我在想，可能刚才我对你太严厉了。"父亲说，"经过漫长的一天，我把怒气都发到你身上了。这是你要的10美元。"

小男孩坐直了身子，笑了："噢，谢谢爸爸！"他忍不住呼喊起来。接着，他伸手到枕头底下，拿出一把皱巴巴的钞票。看到男孩已经有钱了，父亲又忍不住要发火。小男孩慢慢地数着钱，然后抬头看着父亲。

"既然你已经有钱了，为什么还要更多的钱？"父亲粗鲁地抱怨说。

"因为我的钱不够，不过现在够了。"小男孩回答，"爸爸，我现在有20美元了，我可以买你一小时的时间吗？请你明天早点下班，我想和你一起吃晚饭。"

陪伴是最长情的告白。在爱孩子的路上，爸爸妈妈不要缺席。

总是听人说，自己多忙多忙，没有时间陪孩子。可是，那些比你忙无数倍的人，却把陪伴孩子成长作为人生最重要的事情。

不久前，前美国总统奥巴马的大女儿玛利亚考上了哈佛大学，这个有着全世界最忙父母的孩子，却享受着最优质的陪伴。奥巴马曾经说过，自己最骄傲的一件事就是在长达 21 个月的总统选战中也从来没有缺席过一次女儿的家长会。从议员到总统，无论身居什么样的位置，有多忙碌，他都会抽出时间，尽量陪在玛利亚身边。他经常自己带着两个孩子到书店，还挤出睡前阅读的时间，陪着玛利亚读完 7 本《哈利·波特》。"我不会做一辈子的总统，但我一辈子都要做一位好父亲。"这些年，无论多么忙，他都争取时间陪在女儿身旁，伴她去实现自己的梦想。

孩子需要陪伴的时间真的很短，等他（她）长大了，她会有自己的工作生活，你再想和他多说几句话都很难。

李嘉诚先生说过，一个人事业上再大的成功，也弥补不了教育子女失败的缺憾。子女教育的失败足以让你的晚景凄凉惨淡。是啊，你今天在孩子身上偷的懒，都会变成最深的遗憾，让你悔恨不已，却无力挽回。

其实，孩子的世界很单纯，他需要的，只是这一程的陪伴和鼓励。那些来自父母的爱，是他跌倒时重新站起的勇气，带着这些爱上路，孩子的脚步会充满力量。所谓教育，就像是陪一个人经历一场与困难挑战的旅程，这个时候，家长和孩子的关系，就是战友，为了同一个目标，肩并肩一起努力。

在孩子成长的路上，爸爸妈妈不要缺席，尤其是父亲这个角色总打着忙事业的招牌缺席。湖南台播出的《爸爸去哪儿》也召唤父爱的回归。

在教育孩子的过程中，陪伴孩子一起学习共同成长，德国哲学家雅思贝尔斯说："教育就是一棵树摇动另一棵树，一朵云推动另一朵云，一个灵魂召唤另一个灵魂。"

（七）面对平凡

孩子们终将很平凡，是父母必须面对的现实；中国父母最难接受，也最不愿意承认的一个事实就是，自己的孩子很大概率上会是一个极其平凡、极其普通的人。从概率上来说，99% 的人 99% 的可能会平凡地度过一生。一个人如何在平凡的生活与工作中找到快乐、幸福与平静，才是最重要的能力。

尤其我们的家长，望子成龙望女成凤之心迫切，为孩子筹谋规划着辉煌的人生。看到孩子一次考试成绩不好便大发雷霆之怒，好像这一次的不好就决定了终生。

有一位父亲发现 15 岁的女儿不在家，留下一封信。上面写着："亲爱的爸爸妈妈，今天我和兰迪私奔了。兰迪是个很有个性的人，身上刺了各种花纹，只有 42 岁，并不老，对不对？我将和他住到森林里去，当然，不只是我和他两个人，兰迪还有另外几个女人，可是我并不介意。我们将会种植大麻，除了自己抽，还可以卖给朋友。我还希望我们在那个地方生很多孩子。在这个过程里，也希望医学技术可以有很大的进步，这样兰迪的艾滋病就可以治好了。"父亲读到这里，已经崩溃了。

然而，他发现最下面还有一句话："未完，请看背面。"背面是这样写的："爸爸，那一页所说的都不是真的。真相是我在隔壁同学家里，期中考试的试卷放在抽屉里，你打开后签上字。我之所以写这封信，就是告诉你，世界上有比试卷没答好更糟糕的事情。你现在给我打电话，告诉我，我可以安全回家了。"

一次考不好算不了什么的，不是吗？人生的路很长，小的波折总会有的，只要不丧失奋斗拼搏的勇气就好。

（八）让孩子拥有选择的权利

很多做父母的要求孩子从小按照我们自己的人生理想成长，而不考虑孩子本身的兴趣、意愿和基本素质，更不懂得孩子心理发展的规律，不能进入孩子的内心世界，并用自己的决定代替孩子的决定。当孩子有不满情绪时，我们要么用权威，要么对孩子说：我们都是为你好，我们是过来人，比你懂，听我们的，没错。我们这样打着"爱的旗号"，无情地把孩子的选择权利夺了。慢慢地，孩子就失去了选择的能力，凡事依靠父母，或者变得非常叛逆。

你允许孩子自己做选择吗？孩子学会选择，可以让他们感觉到能掌控自己的事情，培养自己的独立意识，让他们更快地学会自立，学会为自己的行为负责，自己承担选择的结果。更重要的是，孩子能从选择中得到被尊重的心理满足，这对孩子的健康成长是非常有利的。我们提意见或建议，孩子自己做出选择。

（九）把责任交付给孩子

让孩子有责任心，有担当，养成遵守规则的习惯，有条不紊地规划，让孩子学会如何合理安排自己的时间，协助孩子制作时间表；让孩子学着打理自己的生活物品。把学习的责任交付给孩子。

可以做一个"把责任交付给孩子"的活动。把她或他想象成你的孩子，拉着手并专注而深情地看着对方。"亲爱的孩子，我爱你。但我照顾不了你的命运。现在，我把属于你的还给你。每个人都有每个人的命运，就像每个人都有每个人的支持，对你爱的最好表达就是活好我自己。谢谢你。"

（十）允许孩子出错，孩子是出错的天才

世界上最浪费时间的事就是给别人讲经验，讲一万句不如自己摔一跤，眼泪教你做人，后悔帮你成长，疼痛才是最好的老师。人生该走的弯路，其实一米都少不了。

在孩子的成长过程中，好奇心与尝试是他们长大的方式，而许多家长却制止孩子们好奇的行为，把他们限制在一些成年人的框架中，其实家长要做的，是如何将孩子"犯错误"过程中的不利、消极因素转化为有利的、积极的、合理的因素，多给孩子"尝试—错误—完善"的机会。

（十一）做孩子的朋友、玩伴

钱钟书从来摆不出父亲的威严，他比女儿还要顽皮。阿圆小时候常说："我和爸爸最哥们，我们是妈妈的两个顽童，爸爸还不配做我的哥哥，只配做弟弟。"有一次，阿圆大热天露着肚皮熟睡，钱钟书就给她肚皮上画个大脸，被一顿训斥，不敢再画。每天临睡他还要在女儿被窝里埋置"地雷"，把大大小小的玩具、镜子、刷子，甚至砚台或大把的毛笔都埋进去，又恨不得把扫帚、畚箕都塞入女儿被窝。等女儿惊叫，他得意大乐，女儿临睡前必定小心搜查一遍，把被里的东西一一取出。这种玩意儿天天玩也没多大意思，可是钱钟书却百玩不厌。

除了逗女儿玩，钱钟书也教女儿英文单词，见有潜力可挖，还教了些法语、德语单词，大多是带有屁、屎的粗话。有朋友来时，钱钟书就要女儿去卖弄。"我就八哥学舌那样回答，客人听了哈哈大笑，我以为自己很'博学'，不免沾沾自喜，塌鼻子都翘起来了。"阿圆在书中写道。钱钟书写《围城》时，对女儿说里面有个丑孩子，就是她。阿圆信以为真，却也并不计较。后来他写《百合心》时，又说里面有个最讨厌的女孩子就是她。

（十二）要具有幸福的能力

先让自己幸福起来，才能幸福别人。毕淑敏说过：想要幸福，首先得有感知幸福的能力才行。心灵的幸福比什么都来的重要。一个没有感知幸福能力的人，无论得到再多，都不会幸福.

幸福的感知能力就取决于对那些你已经拥有的、你现在拥有的非常普通而又平凡的东西感到幸福；这些东西往往我们平时体会不到，直到有一天失去的时候才知道珍贵。在没有失去的时候就知道珍惜，这样的人才是真正幸福的人！

（十三）让孩子适当做家务

哈佛大学一项长达 20 年的研究表明，爱做家务的孩子跟不爱做家务的相比，就业率为 15∶1，收入比后者高 20%，而且婚姻更幸福。中国教育科学研究院对全国 2 万个小学生家庭进行的调查也表明，孩子做家务的家庭比不做家务的家庭，孩子成绩优秀的比例高了 27 倍。

还有很多实例证明，想要孩子成为精英，让他做家务是必不可少的。美国超级豪门洛克菲勒家族传了六代，代代精英，没出过一个败家子。就是因为承袭了家规，从小让孩子记账和做家务。美国新任交通部长赵小兰的父亲赵锡成养出了 5 个非常优秀的女儿，就是因为他从小就让赵小兰带着妹妹们做家务，帮家庭做支出规划。因为从小就帮家庭分担劳动，所以每个孩子都独立朴素，不骄不躁，长大后都成了各个领域的精英。

让孩子参与家务劳动，让他们知道诸如清洗马桶之类的活都是应该参与的，脏和累是生活的一部分。

23 岁小伙杨锁因父母娇惯懒惰成性饿死家中。记者来到罗山县朱堂乡保安村。村里人说，杨锁的父母对他十分疼爱，为了把儿子永远留住，专门给孩子起名叫杨锁。"杨锁 8 岁时，父母出门时还把他用担子挑着，不让他走路。"杨锁的堂哥杨德玉说。"杨锁其实挺聪明的，可他根本不学，也不做作业。我们只要严厉一点，杨锁就告诉他的父母，他父母第二天就会找到学校。"杨锁上小学时的任课老师说。"杨锁有时也试着干活，他父母看见后就说，你到一边玩儿吧，别累着了。"村里人说。杨锁 13 岁那年，父亲因为肝病去世。杨锁的母亲仍然宠着杨锁，一点农活也不让他干。到后来，杨锁的母亲身体越来越不好，不得不叫杨锁去干活时，杨锁根本不干，一不高兴就打母亲。杨锁每天无所事事，他母亲承担着一切农活和家务，结果积劳成疾。杨锁 18 岁那年，他母亲因病去世。"那么大的人了，你给他饭吃，他都想让你直接喂到他的嘴里。"当地一位曾经帮过这个小伙子的村民说。"还真没见过那么懒的孩子。"杨德玉指着一片已经倒塌的房子说："这就是杨锁饿死之前住的地方。他是我们堂兄弟 8 个当中长得最英俊、最聪明的，也是最懒的。下了几天大雪，我估摸着杨锁好几顿没吃饭了，就提着饭、拿着被子到他家去，结果发现他全身僵硬，已经断气了。"杨德玉说，当时杨锁 23 岁。杨锁死后，村里人议论纷纷："这孩子就是被父母给娇惯的，长这么大什么也不会。""真没见过这样的孩子，宁愿饿死、冻死，也不干活。"

追根溯源，正是因为父母的过分溺爱，让一个聪明的孩子成了"天下第一懒人"，最终走向了死亡。爱孩子是母鸡都会做的事，关键是如何有方法的爱，而绝不是溺爱。

在很多国家，让孩子从小参与到家务劳动中几乎是共识。精英教育从来都不是只局限在课内学习，家庭生活中的锻炼能带给孩子更多。看似简单的家务劳动，带给孩子的独立、自信、自强都是一生的财富。爸爸妈妈们应该学会让孩子去体验家务劳动，孩子进一步，大人退一步，这就叫成长。

（十四）智力即阅读

《给老师的99条建议》中38条是关于阅读的，仅仅学课本是远远不够的。阅读，是门槛最低的高尚；阅读经典，是生活中最朴素的优雅。读书交流，是名著阅读中很有效的方法。读书可以感悟人生，这个人生可以是自己的人生，可以是历史的沧桑，可以是天地的沉浮，可以是……读书是一种德性，在理性的引导下，读书人在灿烂的星空与神圣的道德之间，获得了灵性和自由，以及诗意生存。读书是一种放达，在历史与现实的冲击下，读书人漠然于时间也漠然于空间，即使是惊鸿一瞥，也执掌起漫天光芒。

曾经读过的那些书，不会成为过眼云烟，它们早就刻在了你的气质里、谈吐上、胸怀中，让你懂得敬畏、摆脱庸俗、感到振奋和希望。请相信：你在阅读上花的每一秒，都会沉淀成将来更好的你。

但是，培养孩子良好的读书习惯不是一件容易的事，它是一个循序渐进的过程。有人说孩子是父母的一面镜子，孩子的一言一行，无不折射出父母的影子，和孩子一块儿读书，用自己的爱好读书，培养孩子的读书爱好，是激发孩子的读书兴趣、培养孩子读书兴趣的有效方法。父母是孩子的榜样，是实实在在的，看得见摸得着的，所以父母要循循善诱，身体力行，还要不得时机地结合书中内容，交流沟通看书的心得，这样可以加深印象，促进理解，同时为孩子营造一个书香家庭的环境。

相信家庭中任何一个人的成功，都需要其他成员的支持和默默付出。

Family= Father and mother I love you。给孩子最好的爱——营造和谐的夫妻关系，爸爸爱妈妈，妈妈爱爸爸，爸爸妈妈爱我，我爱爸爸妈妈！

家，是我们最应该珍惜的地方；家人，是我们生命中最重要的人。家是一块田，快乐自己种。种下温柔，收获温暖；种下体谅，收获体贴；种下包容，收获和睦。一家人在一起，房子、车子、票子都不重要，平平安安、和和睦睦最重要。

让我们与家人相约：学习爱、守护家，做幸福和完美的女人；学习爱、守护家，做幸福和有担当的男人；妈妈的情绪平和，是最伟大的教育！爸爸担当、包容，是对家人最好的礼物！陪伴孩子，尊重孩子，与家人相守同行。

初中数学教法学法之我见

摘要： 教师要向课堂四十五分钟要质量，少讲多练，精讲干练！从教学方法和学生学法上下功夫：第一，分类概括法在教学中的运用；第二，发展学生的空间观念；第三，发展学生的合情推理能力；第四，在初中数学课堂中渗透研究性学习；第五，结合几个专题复习来梳理学生知识；第六，小组合作，收集快乐，收获成功！

从教数十载，花开花落，寒去暑来，学生换了一届又一届。酸甜苦辣咸，其中滋味不是一语能道完。有过困惑，有过烦恼，经历过成功的喜悦，更有着再搏的压力和不知能否不负众望的彷徨。学生毕竟是青春年少，自制力有限。他们不喜欢自始至终地听"形式不变"的一整节课，这就要求教师向课堂四十五分钟要效率、要质量，少讲多练，精讲干练！最主要的是从方法上下功夫，多向他人学习，"成功之人必有得法之处！"教学中关于初中数学教法学法的点点滴滴体会与各位共分享。

一、分类概括法在教学中的运用

在解决二次函数的应用问题时，学生会觉得纷繁复杂，无从下手，那么怎么解决这个问题呢？笔者认为先求出解析式是关键，所以可以从具有不同特点的解析式入手，运用分类的方法。具体来说主要有以下几点（注：下面公式中 a 不等于零，b、c、h、k 为常数）：

（1）若已知二次函数的顶点在原点，可以设解析式为 $y=ax^2$。

（2）若已知二次函数的顶点在 x 轴上，可以设解析式为 $y=a(x-h)^2$；若已知二次函数的顶点在 y 轴上，可以设解析式为 $y=ax^2+k$。

（3）若已知二次函数的顶点，不妨设顶点式为 $y=a(x-h)^2+k$。

（4）若已知二次函数过三个点，不妨设一般式为 $y=ax^2+bx+c$。如果抛物线经过原点，我们就设 $y=ax^2+bx$。

（5）如果抛物线与 x 轴的交点坐标分别为（x_1，0）、（x_2，0），不妨设交点式为 $y=a(x-x_1)(x-x_2)$。

当然，解决二次函数的问题不能拘泥于几种套路，具体问题具体分析。

二、发展学生的空间观念

除了七年级第一章"丰富的图形世界"和九年级"视图投影"外，平移、位似、轴对称及中心对称、圆的有关知识等也可以发展空间观念。

如何很好地发展学生的空间观念，处理这部分内容不同于其他章节。我认为重在：

（1）培养学生对数学尤其是数学模型的兴趣，兴趣是最好的老师，乐学是学好的前提。

（2）培养自主探索的能力，主张学生拿起自学的武器，在老师的引导下，自己开辟新天地。

（3）培养学生动脑、动口、动手操作的综合实践能力及开拓创新能力。

三、发展学生的合情推理能力

《数学课程标准》中对中学生的具体要求是：具有合理选择信息解决问题的能力；学会根据问题的需要收集有用的信息；能进行合理的推测、简单的归纳和大胆的猜测，并加以检验；能合理地安排解决问题的过程。

所以教师的任务便是"既教证明，又教猜想"，培养学生合情推理能力。合情推理能力是开发学生创造性思维的需要，它不是学生"懂"了，也不是学生"会"了，而是学生自己"悟"出了道理、规律和思考方法等。这种"悟"需要在教学活动中进行，因而教学活动必须给学生提供探索交流的实际空间，组织、引导学生经历观察、试验、猜想、证明等数学活动过程，并把合情推理能力的培养有机地融合在这样的"过程"之中。

那么如何发展学生的合情推理能力？发展学生的合情推理能力的主要活动有哪些呢？

（1）类比法。例如：类比乘法分配律来学习合并同类项；类比同底数幂的乘法来学习同底数幂的除法，等等。

（2）归纳法。例如：同底数幂的乘法法则（归纳）；平方差公式的发现（归纳），等等。

（3）实践法。现在的教材注重生活中的数学、学生身边的数学，这些都是培养学生合情推理的素材。让学生参加社会实践例如"统计与概率"的教学中，按照新标准的要求，我们始终离不开收集数据、整理数据、分析数据、做出判断和预测，合情推理能力的培养很自然就渗透其中。

此外，在教学中还可以设计一些游戏，让学生在有趣的活动中学习合情推理。

发展学生合情推理能力的途径不止于此，但从节奏上"说点理——说些理——会说理"这三部曲不可操之过急，在不断的教学互动中不断总结，不断学习吧。

四、在初中数学课堂中渗透研究性学习

研究性学习转变了同学们"学"的方式，必然就要转变老师"教"的方式，从而使师生的关系获得了新的意义和新的内涵。与同学们熟悉的学习方式相比，研究性学习对同学们提出了完全不同的要求：在研究性学习中"学什么"要由你自己选择；"怎么学"要由同学们自己设计；"学到什么程度"要由同学们自己作出预测和规定。研究性学习强调"以学生为中心的教学"，教师的角色发生了很大的改变，他们成了学生学习的组织者、合作者、引导者。

研究性学习尤其适合于实践能力强、课外收集统计等的课型，但它又绝不仅仅适合于某一个或某几个课题的学习。在日常教学中，研究性学习的思想可渗透到每一节课、每一个教学片断之中。上课过程中创设情景，利用好教材，如何让学生自己去思考、探索、实验、假设、猜想、讨论等，参与知识获得的过程，润物细无声，日积月累，以向学生传授学科结构知识，培养学生自主探索的能力，渗透研究性学习的思想。

五、结合几个专题复习来梳理学生知识

当学生某一阶段的新课程已经结束，对知识基本掌握，需要更综合、更条理的方式来梳理所学知识，内化知识结构，使所学内容更系统化时，教师搜集整理典型的专题让学生练习，会拓展同学们的思维，使学生有耳目一新的感觉，收到事半功倍的效果。

例如，在学习人教版七年级上册第一学期期末测试前，我结合大纲的要求及同学们做过的习题设计了以下几个专题：握手问题、与字母无关问题、视觉看错问题、新符号问题、找规律问题等，以供同学们学习参考。

（1）几个特殊的数：

平方是它本身的数是（　　　　）；

立方是它本身的数是（　　　　）；

倒数是它本身的数是（　　　　）；

最大的负整数是（　　　　）；

绝对值是它本身的数是（　　），绝对值最小的数是（　　）。

（2）神奇的密码：为确保信息安全，信息需要加密传输，已知规定明文 a、b、c 对应的密文为 $a+1$、$2b+4$、$3c+9$，问明文 1、2、3 对应的密文是（　）（　）（　）；如果接收方收到密文 7、18、15，则解密得到的明文是（　）（　）（　）。

（3）握手问题：

1）3 个球队进行单循环比赛，总的比赛场数是多少？4 个队呢？n 个队呢？

2）2 条直线相交，最多有（　）个交点；3 条直线相交呢？四条呢？n 条呢？

3）2 点在同一条直线上，有（　）条线段；3 点在一条直线上呢？4 点呢？n 个点呢？

（4）新符号问题：

1）规定符号"$"的意义是 $a\$b=a$，求 2$3$4 的值。

2）已知 $1!=1, 2!=2\times1, 3!=3\times2\times1$，$4!=4\times3\times2\times1$，…，求 $100!/98!$。

（5）与字母无关问题：

1）若 $a^2+(2k-6)ab+b^2+9$ 中不含 ab 项，求 k。

2）小红说：整式 $7x^3-3(2x^3y-x^2y+1)+3(x^3+2x^3y-x^2y)-10x^3$ 的值与 x、y 无关。她的说法有道理吗？为什么？

（6）视觉看错问题：

1）张华在一次测验中计算一个多项式 A 加上 $5xy-3yz+2xz$ 时误认为减去此式，计算出错误结果为 $2xy-6yz+xz$，试求出正确答案。

2）小李在解方程 $5a-x=13$（x 为未知数）时，误将 $-x$ 看作 $+x$，得方程的解为 $x=-2$，则原方程的解是多少呢？

（7）找找规律：

1）2，4，8，16，…；

2）0，1，8，27，…；

3）3，6，9，12，…；

4）3，7，11，15，…。

有规律排列的一列数：2，4，6，8，10，12，… 它的每一项可用式子 $2n$（n 是整数）来表示。有规律排列的一列数：1，−2，3，−4，5，−6，7，−8，…

1）它的每一项可用怎样的式子来表示？

2）它的第 100 个数是多少？

3）2006 是不是这列数中的数？如果是，是第几个数？

以上专题，基本包含了七年级上册第一学期期末测试前的重点题型，它只是我个人的一点粗浅的"经验"之谈，与各位共勉。

六、小组合作，收集快乐，收获成功

以小组交流的形式研讨某个问题的解决方案，是很有效的学习方法，学生在讨论中要倾听、交流、协作、分享。教师的角色是学生学习的伙伴，是组织者、引导者和合作者，教师的作用主要体现在：

（1）教师要引导学生提出问题。因为"呈现问题"是合作学习的第一步，然后师生共同梳理、整合问题。

（2）教师要给予学生充分的时间与空间，让他们对所学到的知识进行交流并合理运用小组成员互评与自评。在自由交流中，学生能获得多次的修正、评价、支持、启发，进而迸发新的灵感，实现真正有价值的学习和发现。

（3）教师要与学生积极交流。交流时教师作适当点拨、引导、启示。新课程理论强调，在学习活动中，教师应该走下讲台，蹲下身子，与学生平等交流。

（4）教师要给予学生积极的评价，积极评价包括口头表扬、鼓掌祝贺、授予小组荣誉称号等，因为积极的评价将不断增强学生参与合作的意识，也使学生不断获得成功的喜悦。这样，对于保护学生的学习积极性，增强其学习的自信心尤为有效。

总之，在数学课堂教学过程中，教师倡导将学习的主动权还给学生，尽可能地给学生提供自主探究、合作学习、独立获取新知的机会，尽可能多地让学生体验尝试成功、探索与发现的快乐。小组合作，收集快乐，收获成功！

路漫漫其修远兮，吾将上下而求索。为人师者讲求教法，研究学法，精益求精，让学生飞得更高吧！

浅谈基于翻转课堂理念的
初中数学课堂教学策略选择

摘要：翻转课堂作为一种新兴的教学模式，颠覆了传统的教学过程，它将"知识传递"过程放在课堂外。基于翻转课堂理念的初中数学课堂教学策略选择研究内容如下：（1）翻转课堂中教师与学生角色的转变；（2）翻转课堂中学生学习积极性的提高；（3）翻转课堂中教学评价机制的转变；（4）翻转课堂中学生学习习惯及能力的养成。

　　"翻转课堂"(Flipped　Classroom 或 Inverted　Classroom) 也称"颠倒课堂""颠倒教室"，是指学生在家里观看教师事先录制好的或是从网上下载的讲课视频以及拓展学习材料，而课堂时间则用来解答学生问题、订正学生作业，帮助学生进一步掌握运用所学知识。翻转课堂作为一种新兴的教学模式，颠覆了传统的教学过程，它将"知识传递"过程放在课堂外。

　　因此，在翻转课堂中，学生摆脱了被动接受知识的角色，成为整个教与学过程中的主体，所有的知识都需要学生在自主学习和动手的过程中掌握。

　　翻转课堂有着非同寻常的意义及研究价值：翻转课堂后，利用教学视频，学生能根据自身情况来安排和控制自己的学习。学生在课外或回家看教师的视频讲解，完全可以在轻松的氛围中进行，而不必像在课堂上教师集体教学时那样紧绷神经，担心遗漏什么，或因为分心而跟不上教学节奏。学生观看视频的节奏全由自己掌握，懂了的快进跳过，没懂的倒退反复观看，也可以停下来仔细思考或做笔记，甚至还可以通过聊天软件向教师和同伴寻求帮助，增加了学习中的互动。翻转课堂最大的好处就是全面增强了课堂的互动性，具体表现在教师与学生之间，以及学生与学生之间。由于教师的角色已经从内容的呈现者转变为学生的教练，这让教师有时间与学生交谈，回答学生的问题，参与学习小组，对每位学生的学习进行个别指导。在学生完成作业后，教师可以注意到部分学生会被相同的问题所困扰，于是就组织这部分学生成立辅导小组，为他们举行小型讲座。小型讲座的精妙之处是，当学生遇到难题准备请教时，教师能及时地给予指导。当教师成为指导者而非内容的传递者时，就有机会观察到学生之间的互动，让学生发展起他们自己的协作学习小组，让学生们彼此帮助，相互学习和借鉴，而不是将教师作为知识的唯一传播者。

　　由于翻转课堂是基于多媒体和网络的微型课程，是网络时代以促进学生知识建构与能力发展为目标的新型资源形式，因此希望老师们能转变教育观念，适应信息技术的发展，用好现有的多媒体、电子白板等设施，为制作微课作准备，并积极尝试生生互动、师生互动的教学模式。翻转课堂教学模式重点表现为：如何激发学生质疑；如何培养学生自读自悟、自问自教、合作探究的能力；如何强化学生的问题意识，提高解决问题的能力，培养学生创新能力等。

　　所以，基于翻转课堂理念的初中数学课堂教学策略选择研究内容和注意事项如下。

一、基于翻转课堂下教师与学生角色的转变

（1）教师角色的转变。翻转课堂使得教师从传统课堂中的知识传授者变成了学习的促进者和指导者。教师和学生交换位置，往日教师忙碌的讲课、讲题等诸如此类的工作由学生来做。教师只起到"串串"（即组织）"拨乱反正"（订正）和"点石成金"（总结归纳）的作用。这意味着教师不再是知识交互和应用的中心，但他们仍然是学生进行学习的主要推动者。当学生需要指导的时候，教师便会向他们提供必要的支持。自此，教师成了学生便捷地获取资源、利用资源、处理信息、应用知识到真实情境中的脚手架。

伴随着教师身份的转变，教师迎来了发展新的教学技能的挑战。在翻转课堂中，学生成为了学习过程的中心。他们需要在实际的参与活动中通过完成真实的任务来建构知识。这就需要教师运用新的教学策略达成这一目的。新的教学策略需要促进学生的学习，但不能干预学生的选择。教师通过对教学活动的设计来促进学生的成长和发展。在完成一个单元的学习后，教师要检查学生的知识掌握情况，给予及时的反馈，使学生清楚自己的学习情况。及时的评测还便于教师对课堂活动的设计做出及时调整，更好地促进学生的学习。

（2）学生角色的转变。在翻转课堂中，学生并非完全独立地进行学习。翻转课堂是有活力的并且是需要学生高度参与的课堂。在技术支持下的协作学习环境中，学生需要根据学习内容反复地与同学、教师进行交互，以扩展和创造深度的知识。因此，翻转课堂是一个构建深度知识的课堂，学生便是这个课堂的主角。

教师可以鼓励学生在课堂中大胆表现，师生易位，使学生体会做主角的快乐。学生发表见解，给其他学生授业解惑。学生经过提前观看录像、预习新课后，对课本的知识有了大体的了解，把不懂的知识也已做了相应的记号。不可否认，每个学生的情商、智商、知识基础水平不尽相同，有些"领头雁"同学对课本新知识及习题的理解已相当透彻，让他们把自己对新课的理解讲给其他同学听，讲题的"小老师"把自己预习时难以理解的地方会详细讲解，而"小老师"预习中遇到的"拦路虎"往往也是其他同学共性的难点，同学们也易于接受"同类"之间的理解方式和讲解方式。"小老师"讲题时可提问其他同学，以调动同学们的积极性，也便于随时检查每一位同学的听课状况，俨然一位真正的老师了。其他同学在听课的同时也深受启发，精神饱满地准备自己随时发表见解，变身"老师"。当然，

在课堂中难免出现同学和"小老师"共同解决不了的问题，如后面的知识还没有学到，需要渗透一下的或需要补充的等等，那就需要教师启发引导进行补充。不过，要充分相信学生，学生很聪明，潜力无穷，放手让学生去讲、去练，让他们做课堂的主角。

随着技术的发展，教育进入到一个新的时代，一个学生可以进行自我知识延伸的时代。教育者可以利用各种技术工具高效地为学生提供丰富的学习资源，学生也可以在网络资源中获取自己所需的知识。在技术支持下的个性化学习中，学生成为自定步调的学习者，他们可以控制对学习时间、学习地点的选择，可以控制学习内容、学习量。

二、基于翻转课堂下学生积极性的提高

由于新网络科技让知识的传授变得便捷和容易，教师应该改变教学模式，而把教学重心和时间放到第二步了，换言之，就是把"吸收内化"这一重要的过程放在课堂时间。

实施翻转课堂，激发了学生的学习兴趣，调动了学生的学习主动性。他们先自主学习教材，然后通过视频帮助解决疑难问题，主动合作交流，体验知识的形成过程，体会到了学习的乐趣，享受到了成功的喜悦。自学质疑课上，学习不再是被动地完成老师布置的作业，而是主动地探索新知识；训练展示课上，学生在运用中落实知识，在合作中提升能力。学生学习的积极性、主动性越来越高。

以前，知识内化的过程都是被放在教室外，那个时候没有老师和家长在场，碰到疑难时，学生容易因无人协助，而产生挫折，丧失学习主动性和成就感。但如果把这两个过程颠倒过来，学习成效就会有一个很大的提高。课堂上，同伴间的互助教学能促进知识的吸收内化过程，使学习正确率大大提高。而翻转课堂的实施，正是顺应了这一趋势。翻转课堂可以迅速帮助学生提高学习积极性。以"翻转课堂"的教学实践转变学生学习方式，倡导主动参与、积极探究、合作交流的学习方式，让学生在课堂教学活动中主动探索和建构知识。教师的部分教学内容在课外传递给学生后，那么课堂内更需要高质量的学习活动，让学生有机会在具体环境中应用其所学内容。主体通过学生创建内容、独立解决问题、探究式活动来充分调动学生的参与性、积极性、主动性，培养学生的自主、合作、探究学习能力，培养良好品质和学习习惯，让学生在课堂中享受到学习的乐趣，体验到学习的成功，真正成为学习的主人，进一步促进学生综合素质的发展。

三、基于翻转课堂理念的初中数学教学评价机制的转变

纸质笔试的传统测试方式是无法测试出学生在翻转课堂中全部的学习效果的，因为翻转课堂还涉及学生合作能力、组织能力、个人时间管理能力、表达能力等。教师必须转变评价方式。此外，应注重对学生情感、态度和价值观等方面的评价，评价方式的改变需要在政策体制上的支持。教师习惯于运用成绩好坏与知识对错的结果评价，这与课程注重学生探究过程体验评价，培养学生的好奇心、求知欲、敏锐的观察力、探究创新意识和动手实践能力的主旨严重背离。如何充分发挥评价的导向功能，把以成绩高低、结果对错论英雄的结果评价翻转，把评价的关注点放到学习过程的动态生成性评价上，是科学课程理念追求的理想境界。动态生成性评价的关注点是教师评价要关注学生学习过程中的发展和变化，评价具有过程性、动态生成性、自我体验式的特点，主要是引导学生学会自我评价与评价他人，强调学生自我比较，淡化学生间的相互比较，体现评价主体的多元化和交互性。

学生经过独立探索、协作学习之后，完成个人或者小组的成果集锦。学生需要在课堂上进行汇报、交流学习体验，分享作品制作的成功和喜悦。成果交流的形式可多种多样，如举行展览会、报告会、辩论会、小型比赛等。在成果交流中，参与的人员除了本班师生以外，还可有家长、其他学校师生等校外来宾。

除在课堂直接进行汇报之外，还可翻转汇报过程，学生在课余将自己汇报过程进行录像，上传至网络平台，老师和同学在观看完汇报视频后，在课堂上进行讨论、评价。

四、基于翻转课堂下的初中数学学习习惯的养成及能力的培养

（1）培养了学生阅读教材的习惯和能力。过去的教学中，经常听到教师埋怨学生不读教材，致使对所学知识一知半解；学生埋怨教师布置作业太多，没有时间阅读教材。实施翻转课堂，学生在自学质疑课上首先认真阅读教材，然后再完成相关学案。通过阅读教材，学生良好的阅读习惯初步形成，阅读能力不断提升。

（2）提高了学生的问题意识和创新意识。自学质疑课上，学生在"目标导学、教材自学、微课助学、合作互学、在线测学"等各个环节，都要根据学习情况提出本人或小组中的疑难问题；训练展示课上，学生通过自主探究、合作学习，运用已有的知识解决问题。每一节课上，学生始终处在思考、

分析、探索、提高的状态中，思维活跃，认识深刻，分析问题、解决问题的能力逐渐提高，创新意识明显增强。

在班集体教学中，尤其是小班教学中，实施翻转课堂教学，将个性与共性辩证地统一起来，能够大面积提高学生的综合素质。实施翻转课堂教学，使教学与每一个学生学习需要最大限度匹配，能够促进每一个学生更好发展。

总之，通过对知识传授和知识内化的颠倒安排，改变了传统教学中的师生角色，并对课堂时间的使用进行了重新规划，实现了对传统教学模式的革新。在翻转课堂中，信息技术和活动学习为学习者构建出个性化协作式的学习环境，有助于形成新型的学习文化。通过围绕翻转课堂的起源、概念与特点的分析，在对国外教学实践案例研究的基础上，构建出翻转课堂的教学模型，并分析了翻转课堂实施过程中所面临的挑战，以期为我国的教学改革提供借鉴。

如何培养数学课堂中学生的创新能力

摘要：数学教学的目标主要是培养学生的能力，特别是创新能力。"创新"是素质教育的至高要求，在中学数学课堂中教师如何培养学生的创新思维，挖掘和发展学生的创新能力便至关重要。笔者以为方法和途径主要有：（1）真正坚持以学生为主体，还学生自由学习的空间；（2）激发学生展开丰富的想象力；（3）善待学生的问题质疑；（4）鼓励学生创新求异；（5）培养学生的发散思维，提高创新能力。为人师者，应尽量为培养学生的创新思维创造条件，使学生真正成为21世纪成功的开拓型人才。

关键词：素质教育，创新思维，开拓型人才

《基础教育课程改革纲要（试行）》明确指出，改变课程实施过于强调接受学习，死记硬背、机械训练的现状，倡导学生主动参与、乐于探索、勤于动手，培养学生搜集和处理信息的能力、获取新知识的能力、分析和解决问题的能力以及交流和合作的能力。以往长期的灌输式教育使学生变得内向、被动、缺少自信、恭顺……自然也就窒息了人的创造性。中国科学院院士林群指出："数学教育的目的主要是培养学生的能力，特别是创新能力。要通过数学学习，使学生发展理性思维，逐步成为追求真理的人，这对我国的未来有重大作用。""创新"是素质教育的至高要求，学生在现有知识储备和智力水平下对未知东西的探究、掌握和完善都可视为一种创新活动。他实际上是每个学生都具有的一种能力，关键在于教师如何挖掘和发展这种能力。

那么，如何培养学生的创新思维、发展学生的创新能力呢？结合学生的个性特点及中学数学教材的自身特色，主要途径如下。

一、真正坚持以学生为主体，还学生自由学习的空间

有这样一种说法，美国的教师教学生画苹果时，提上一袋苹果，一人分一个，让学生看、摸、闻甚至咬上一口，然后开始画苹果。结果，大多数学生第一次画出来的像西瓜，第二次画出来的像梨，第三、第四次画出来的才像苹果；而中国的教师教学生画苹果时，只带一只粉笔，先对全班学生讲画苹果的注意事项，然后在黑板上一笔一画地示范，学生照着教师的样板画出来。结果，所有的学生第一次画出来的就像苹果。比较而言，美国的学生虽然画得费劲而不太像苹果，但画出来的却是"生活中的苹果""自己的苹果"；中国的学生虽然画得轻松且像苹果，但画出来的却是"黑板上的苹果""老师的苹果"！中国老师的讲法无疑把学生的思维限制在固定的模子里，把学生的创新思维扼杀在起步的摇篮里。坚持学生的主体地位，还学生思维的自由空间，促进学生积极主动独立地学习，让学生真正成为学习的主人，这就需要为人师者放心放手，不要把自己头脑里成型的"范儿""答案"递给学生，而要把自己平放于学生同样的水平一起去探索，让学生养成有所思、有所想、有所创意的好习惯。

二、激发学生展开丰富的想象力

视野有限，空间广阔，而借助想象，可以把时间缩短或延长，令空间有形，正所谓"观古今于须臾，抚四海于一瞬。"数学是门抽象的学科，如果插上想象的翅膀，便可以把抽象的概念明朗化，把难以理解的理论透明化，从而对数学进行再创造。科学家告诉我们："人们不可能做的事，往往不是因为力量和金钱，而是由于缺乏想象。"人类无法直接感知的东西可以借助想象认识，所以激发学生，使其展开丰富的想象力，在看似枯燥无味的数学天地里也能自由地翱翔，品尝想象之花所结出的胜利之果。

激发学生的想象力，可以利用多媒体课件的动态演示，条件差的地方也可以用投影仪显示。当然也可因陋就简，自制一些简单的教具。例如在学习北师大版义务教育课程标准实验教科书七年级（上册）第一章第三节"截一个几何体"时，可用 FLASH 制作动画，把各种不同类型的几何体的截面情况一一演示，让学生充分想象截几何体的截面图形，然后再让学生亲自动手制作，学生一定会对本节内容印象深刻。

三、善待学生的问题质疑

问题是科学研究的出发点，是开启任何一门科学的钥匙。正所谓"疑是思之始，学之端。"没有问题就不会有解释问题和解决问题的思想、方法和知识，所以说问题是思想方法、知识积累和发展的逻辑力量，是新思想、新方法、新知识的种子。亚里士多德曾讲过："思维是从疑问和惊奇开始的。"当学生在课堂上提出一问题甚至"离奇古怪"的问题时，当学生对某一观点质疑时，勿对这些科学的"异徒"一棍子打死，要善待学生的质疑。现代化的人才已不再是服服帖帖、唯命是从、循规蹈矩的"工匠人才"，而是敢于大胆质疑、突破旧观念束缚的人。不仅要大胆质疑，而且要敢想、敢思、敢做。"事生于虑，成于做"。伽利略就敢于在众目睽睽之下，登上比萨斜塔，用事实推翻了亚里士多德的定论。创新素质中最基本的态度之一就是质疑。一名优秀的教师应当首先注意保护和满足学生的好奇心和求知欲，妥善地解决他们心中的疑问，并以学生的质疑为突破口捕捉学生的"智慧的火花"与"灵感"，及时给予鼓励和肯定，以此推动学生不断发现新问题，使学生勇于质疑，树立"不唯书、不唯上"的探索精神和创新精神。

四、鼓励学生创新"求异"

科学家以人类历史为参照系进行创新，学生的创新则以个人已有知识为参照系，学生的创新实际上就是"出主意""想点子"，这就要求创新过程中不迷信、不盲从，而且教师要鼓励学生求异。当然，学生的创新求异难免伴随着幼稚和犯错，但事实上，往往只有犯过错误，才能消灭错误。教师莫粗暴否定，轻易剥夺学生探索的乐趣和尝试失败、挫折的情感体验，这样会使学生变得谨小慎微、懒于动手、疏于尝试，以致丧失创新的信心和能力。所以多给学生创造"犯错"的机会，使学生成为勇于尝试、控索创新的开拓型人才。

五、培养学生的发散思维，有助于创新

要注意培养学生发散思维能力，激发学生学习数学的好奇心和求知欲，通过独立思考，不断追求新知，发现、提出、分析并创造性解决问题。在课堂上，要打破以问题为起点，以结论为终点，即"问题—解答—结论"的封闭式过程，构建"问题—探究—解答—结论—问题—探究"的开放式过程。训练学生的发散思维，打破习题习惯的思维模式，发展思维的求异性，一题多解、一题答案不唯一，合理即可就是很好地体现了这个模式。

例如北师大版七年级（下册）第六章第一节随堂练习2：研究表明，当钾肥和磷肥的施用量一定时，土豆的产量与氮肥的施用量有如下关系：

氮肥施用量 /千克·公顷$^{-1}$	0	34	67	101	135	202	259	336	404
土豆产量 /吨·公顷$^{-1}$	15.18	21.36	25.72	32.29	34.03	39.45	43.15	43.46	40.83

问题：根据表格中的数据，你认为氮肥的施用量为多少时比较适宜？说说你的理由。

答案：学生的答案只要合理即可，如可以回答氮肥施用量为336千克/公顷时比较适宜，因为此时土豆的产量最高；还可以回答氮肥施用量为259千克/公顷时比较适宜，因为此时土豆的产量与施用量为336千克/公顷时差不多，而又可以节约肥料。

解决一个个开放性问题，实质上就是一次次创新演练，在今后的课堂教学中，课堂的提问、作业的编制，应该重视推出开放性问题，只有这样，才能培养学生的创新精神和创新能力。

总之，培养学生创新能力的途径不止于此，还要结合实际情况因材、因时施教。联合国教科文组织富尔委员会的一篇《学会生存》中给我们指出创新精神、创新思维的正确理解和途径。即"保持一个人创新精神和创新力量而不放弃把他放在真实生活中的需要；传递文化而不用现成的模式去压抑他；鼓励他发挥他的天才能力和表达方式，而不助成他的个人主义，密切注意每个人的独特性，而不忽视创造也是一种集体活动。"

为人师者，点燃学生心灵中创新的火花，培养学生的创新思维，为使他们成为21世纪成功的开拓型人才创造条件吧！

如何让学生做数学课堂的主人

摘要： 在实施素质教育的课堂，学生是学习的主体，教师是学习的主导。与其一节课讲得天花乱坠，不如放手让学生做学习的主人！使学生充分展开想象，发挥动手、动口、动脑及开拓创新的能力。那么如何发挥学生的主观能动性，使学生真正做课堂的主人呢？（1）师生易位，使学生体会做主角的快乐。1）学生走上讲台，给其他学生授业、解惑；2）小组长给组员批阅作业；3）学生拟出模拟试卷。（2）学生之间展开竞赛，以更好地巩固旧知，以达到温故知新的效果，为新知或综合性题目树立梯子，搭建桥梁。总之，给学生足够的时间自主学习，足够的空间探索学习，使学生真正做学习的主人，学生将受益无穷。

关键词：师生易位，展开竞赛，课堂的主人

旧式"满堂灌""填鸭式"的教学模式抑制了学生的思维，阻碍了学生创新能力的发展。在实施素质教育的课堂，学生是学习的主体，教师是学习的主导。评价一节课到底怎么样，不是教师讲得多好，而是学生会了多少。与其一节课讲得天花乱坠，不如放手让学生做学习的主人！使学生充分展开想象，发挥动手、动口、动脑及开拓创新的能力。

那么如何发挥学生的主观能动性，使学生真正做课堂的主人呢？根据从教的经验及所任数学学科的特点，笔者以为可以有以下几个方面的途径，调动学生的积极性，发掘他们的潜能，让他们以小主人的姿态现身课堂，支配课堂，丰富课堂，充实自身。

一、师生易位，使学生体会做主角的快乐

教师和学生交换位置，往日教师忙碌的讲课、讲题、出试卷、批阅作业等诸如此类的工作由学生来做。教师只起到"串串"（即组织）"拨乱反正"和"点石成金"的作用。具体的讲：

（1）学生走上讲台，给其他学生授业解惑。学生经过提前预习新课后，对课本的知识有了大体的了解，把不懂的知识也已做了相应的记号。不可否认，每个学生的情商、智商、知识基础不尽相同，有些"领头雁"同学对课本新知识及习题的理解已相当透彻，让他们走上讲台，把自己对新课的理解讲给其他同学听，讲题的"小老师"把自己预习时难以理解的地方会详细讲解，而"小老师"预习中遇到的"拦路虎"往往也是其他同学的难点，同学们也易于接受"同类"之间的理解方式和讲解方式。"小老师"讲题时可提问其他同学，以调动同学们的积极性，也便于随时检查每一位同学的听课状况，俨然一位真正的老师了。其他同学在听课的同时也深受启发，精神饱满地准备自己随时走上讲台，变身"老师"。当然，在课堂中难免出现同学和"小老师"共同解决不了的问题，如后面的知识还没有学到，需要渗透一下的或需要补充的等，那就需要教师启发引导进行补充。不过，要充分相信学生，学生很聪明，潜力无穷，放手让学生去讲、去练，让他们做课堂的主角。

他们的口头表达能力、组织课堂的能力、学习的能动性等都会与日俱增。

（2）组长给组员批阅作业。上课时，把一个班级的同学分成四人一组，同学们选出自己信任的组长，实行"承包"，小组长负责监督、检查、批阅组员的练习题或基础训练等，先学后练，当堂达标，以提高课堂的效率。

（3）学生出模拟试卷。学生从对知识的把握程度出发，找出喜欢的题，按选择、填空、解答题等模式进行小组出题，提升自己的主人翁姿态。如学生在学习人教版七年级下册出题时，有的学生喜欢基本运算，他们就自编二元一次方程组和一元一次不等式组的求解问题。有的同学喜欢出开放式的题，例如，已知点 $p(x, y)$ 位于第二象限，并且 $y \leq x+4$，x、y 为整数，写出一个符合上述条件的点的坐标。这样的题答案不唯一，有助于学生拓展思维，提高探索的能力。有的同学喜欢实际生活中与数学密切相关的实际应用问题，他们就出应用题，真正体现了数学来源于生活又应用于生活的价值。如此鼓励学生自编自拟试卷，不必只用老师出的试题，学生更能抓住学习的重点，提高学生学习的综合能力。

二、学生之间展开竞赛。

把讲过的、练过的题集中在一块组织学生小结竞赛，可以把题目均匀地放在一个盒子里，随机抽取一道题来现场发挥，以更好地巩固旧知，达到温故知新的效果，为新知或综合性题目树立梯子，搭建桥梁。

比赛可分为两部分：（1）榜样部分。榜样的力量是无穷的，所以先让一部分口头表达能力和组织能力都很棒的同学打头阵，以带动一般同学。这样的同学由同学们选出，他们的口头表达能力及对题的理解、熟知程度必将带动其他同学的求知欲和表现欲。教师提醒同学们讲题时主要是重点、难点的地方，讲同学们不易明白或易出错的地方。例如"已知 $|a+2|+(b-3)^2=0$，求 a 与 b 的值"时，不仅讲"零 + 零 = 零"的模式，更重要的是讲清 $|a+2|$ 与 $(b-3)^2$ 为何是非负数，两个非负数相加时的所有情况，所以得出"零 + 零 = 零"的模式。（2）自愿投入。由于前面同学的榜样带动作用，激发起了大部分学生的讲题热情，同学们的情绪高涨了，踊跃加入竞赛的行列。此时教师也可适当分组，真正呈现组与组之间的竞争状态。此时教师应拿起表扬的武器，对讲得详略得当、脉络清晰的同学要肯定、赞扬，对偶有"磕绊"或紧张的同学要多加鼓励。

总之，给学生足够的时间自主学习，足够的空间探索学习，使学生真正做学习的主人，学生将受益无穷。

教育信息化，我们一直在路上

一、学校办学理念和特色

同济中学座落于德州市经济开发区中心大街晶华路的东侧，与著名的董子文化街隔街相望，环境优美，交通便利。自 1985 年建校以来，每一个同济人以高尚的职业操守和奉献精神在这片土地上默默地耕耘，辛勤地播种，培养了一批又一批的有用之材。

学校占地 50 亩，建筑面积 14787 平方米，现有教学班 39 个，在校生 2000 余人，教职工 167 人。学校教学设施先进，设备齐全，教学楼、办公楼、图书室、阅览室、实验室、微机室、餐厅布局合理，音体美器材及各种实验设备均达省颁一类标准。学校已建成校园网，班班多媒体，校园广播系统、监控系统无缝覆盖；育人环境良好，学生安心，教师舒心，家长放心；逐步形成了"勤勉善思 躬行索真"的浓郁学风、"博闻善导 立己达人"的醇厚教风和"同心乐进 精创日新"的文明校风，赢得了学生家长的广泛赞誉，获得了社会的认可。

学校有一支专业化、年轻化、无私奉献的教师队伍。其中高级教师 42 人，中级教师 60 人；研究生 6 人，本科生 150 人，大专生 17 人；全国优秀教师 1 人，省级优秀教师 3 人，省特级教师 1 人，市区级优秀教师、教学能手 52 人。学校科研氛围浓厚，近三年来有 160 余人次在省市区组织的优质课、示范课、基本功比赛等活动中获奖。

学校校园风采

二、围绕学校办学理念的信息化核心需求

随着信息技术突飞猛进的发展，教育信息化已经成为中学人才培养质量创新的关键因素之一。信息技术在教育领域的深入应用，特别是把中学教学、管理和研究在教育中的应用作为实施面向 21 世纪教育改革的重要途径。因此，教育信息化建设的加强、教育现代化水平的提高成为衡量一所学校是否具有持续提升持续发展的动力和保障。学校非常重视教育信息化建设，时刻把握信息化的发展趋势，充分发挥科研促进学校科学发展的工作思路，积极探索信息化背景下教师的专业成长及教学方式的变革，推动信息化背景下的教育、教学、管理工作的改进，推进学校数字化应用水平。

在"互联网 +"的教育背景下，创新 IT 技术和产品的涌现在为数字化教学注入活力的同时，也极大地丰富了教学资源，信息技术和课堂教学内容得到更为深入的融合，为学习方式的变革提供了更便捷的条件。学校充分认识到信息技术对于教与学方式变革的引领与影响，也相信互联网及移动终端技术必将会成为教育教学活动的常态应用工具。因此，创新课堂教学模式，充分利用现代信息技术，特别是网络终端技术，全面提高课堂教学效率和学生的学习效率成为学校教育改革需要直面的挑战。面对挑战，学校积极应对，自 2018 年 9 月，开始建设基于 pad 终端的教学环境，将基于互联网 + 背景下的教学改革研究、软硬件资源建设作为重点内容推进，为学生的个性化学习、移动学习、即时学习创设条件。

三、我校教育信息化的推进建设

我校是开发区重点扶植对象，在市区教育局的支持下，经过调研论证，达成共识，与天闻数媒公司合作推进智慧课堂建设。我校自项目成立以来，围绕项目推进，学校建立工作团队、建设软硬件环境、开展教师技术培训、课堂教学交流展示等，深入推进现代信息技术与学科教学的融合。

（一）确立工作方向，保障项目有效推进

学校成立基于"互联网+"背景下的教学改革七年级试点，由校长亲自负责整体数字教育项目，指引数字教育的发展目标和方向，年级主任进行监督与督促计划的实施，制定校内具体可实施的应用、研究计划（含常态课、公开课、特色课、活动等）。管理教学的级部主任负责教研工作的设计和管理执行。由公司派专人负责实验过程中的技术支持（含服务器正常运行、各数字教育班级教室的正常运行、网络通畅、数字教育老师关于平板电脑和系统安装等问题的处理）。

（二）搭建满足智慧课堂教学的软硬件环境

依据学校信息化建设的需求，学校建设基于pad的智慧课堂教学环境，满足七年级各班教学需求。其中硬件环境包括无线网络环境——教室无线ap设备、应用平台硬件支持、服务器及交换机等设备，应用终端设备——师生用pad、保管和维护设备，如充电柜、服务器机柜等；软件环境包括教师教学系统，包括备课、授课系统、学生学习系统。满足基于"互联网+"背景下教师的教学及学生的学习需求。

（三）培训跟进，提升教师信息化应用的理论与实践水平

9月初，在天闻数媒科技有限公司分公司山东博涵信息科技有限公司安排的柯老师等人的指导下，学校安排专门时间，对七年级智慧大课堂班的全体语、数、外、政、史、地、生老师进行系统培训，培训内容包括：信息化背景下教育理念、基于智慧课堂系统应用的备课系统、授课平台、作业及练习、资源应用等模块，要求老师对aischool云课堂整套方案能够全面应用，通过边学习、边实践的方式，逐步掌握这一新技术，而在常态课的教学应用过程中，技术支持人员能够随时对老师的问题进行解答与处理，方便老师熟练操作。通过培训，学校参与实验的老师基本能够运用该系统开展课堂教学及课下的在线教学工作，在教学实践中，公司安排专门的技术人员跟进教师备课、授课、作业发布与管理的教学全过程，确保教师无障碍应用。

（四）开展教学研究，促进信息化与学科教学的深度融合

（1）教师pad上课，使aiclass云课堂常态化。

9月初，在公司安排的柯老师和马老师的指导下，我校开展了以"科技融入教育，智慧提升课堂"为主题的"互联网+"教育初探讲课活动，我校

语文、数学、英语、政治、历史、地理、生物七大学科老师进行研究课展示，展现他们借助 pad 互动技术改变传统课堂教学模式所进行的探索，老师们聚焦 pad 支持下的大数据分析、即时反馈、获得资源、互动交流等方面的功能与优势，对技术支持下的教学改革充满信心。我校将在智慧课堂七年级常态化应用基础上，通过智慧校园建设，充分发挥信息化教学优势，实现与智慧课堂教育精准帮扶的常态化应用，助力教育教学均衡化发展。

教师授课风采展示

（2）公开课上 pad 的推广，共研现代技术条件下教学改革，促进智慧课堂的深度思考及应用。

在同济中学张校长的大力支持下、教务处申主任的引领下，我校组织开展了以"现代信息化环境下的课堂教学"为主题的公开课活动。依据评价方案，智慧大课堂班不用 pad 的老师一票否决。由全校所有数学老师分别对各位讲课老师的授课录像、教学设计文本进行点评，经教务处赋分后汇总成绩评出得分。活动实现了"以评促学、以评促研"的目的。充分肯定了 pad 教学为学生发展创设了更多的领域和空间，同时也鼓励更多的老师能够参与到教学改革实践中来。

（3）持续推进，逐步扩大实验教师的范围。

伴随着教育深综改的步伐，我校张校长同时启动一体化管理，对初二智慧大课堂的老师进行培训。在培训研讨的基础上，学校进行智慧课堂教学的分层推进、分步验收，新初一年级教师通过 pad 教学展示、智慧课堂应用验收等不同形式的活动，扩大了学校教师及教学改革的班级，为技术助力教育教学改革增添力量。

（五）特色应用，推进学校数字化建设

伴随着 pad 在教学中的实践探索，老师们主动将 pad 的使用从教学扩展到其他领域，如班干部的竞选、家长会、青年教师基本功比赛等活动中，pad 都以数据及时分析的不可替代作用被应用，相信随着技术的不断深入，必将推进其在各领域的进一步拓展。

（六）课堂激趣，交相呼应

自智慧大课堂 pad 使用以来，极大提高了学生学习的兴趣和上课的积极性，老师们的现代化教学能力得到了快速提升，成果显著。学校的智慧课堂下的教学改革研究更加科学、更加深入，技术与学科的融合更加自然、更贴近学生的学习了。

张萍满怀深情地回忆自己当初每一次使用 pad 上课时的新奇激动场景以及在随后的教学过程中逐渐爱上了这种教学方式，因为它带来了一种全新的教与学方式，师生可以在新的场景中进行共同学习，学生的表现让她收获了更多的惊喜。

伴随着项目的推进过程，基于 pad 的教学研讨在学校非常活跃，老师们在探索、展示、交流过程当中不断总结、反思，个体的教学实践性知识不断丰富和发展，技术应用水平、学科教学设计能力、学情分析、互动生成等方面的思考越来越深入。

四、下一步发展思考

（1）以课题为引领，促进项目的深入研究。

学校已指出，下一步要理论与实践相结合，积极开展课题的申请和撰写，以点带面，探索适合我校实际的信息技术环境下有效课堂的教学模式和方法，总结信息化时代如何变革传统教学，进而推动信息技术与教育教学课堂的尝试融合，促使学生学会利用网络资源进行学习的方法，培养学生获取、分析、利用和处理信息的综合实践能力，提升学生的信息素养，并促进教师信息化水平的提高；丰富和完善学校网络平台建设，整体上提高学校的教育教学信息化水平。

（2）整理构建，形成有利于学生个性化学习的环境。

在信息化的背景下，如何围绕以学生为中心、以培养核心素养为目标，整体规划建设学习空间、教育技术、软件资源、硬件条件等，使之能够更便捷地服务于学生的个性化学习，这是我们思考的重要命题，学校也将在这一方面付诸实践，营造移动学习、即时学习、泛在学习的时空环境，系统设计规划，全面推进教育教学的数字化进程。

未来正以令人难以置信的步伐向我们走来，学校承担着为国家培养未来接班人的重任，信息技术的应用是未来社会每个公民都必须具备的素养，同济中学的信息化应用探索一直在路上。

浅谈中学生心理健康教育
————听心理讲座有感

摘要：健康的一半是心理！心理健康对于中学生来说尤其重要，中学生健康状态的形成主要依赖于：健全人格的培养；对信念的执著与追求；正确地对待挫折失败，学会等待成功；懂得拒绝不良诱惑，放弃也是收获；知道学习的一张一弛，松弛有道。针对以上因素，教育工作者应采取相对应的指导和措施，使中学生真正做到身体和心理两方面的健康发展。教育工作者要竭尽全力，真正使中学生成为 21 世纪健康的合格人才。

关键词：心理健康，合格人才

听了毕希名教授的报告，感触颇深，体会如下。

健康一般指生理健康和心理健康，即平时所说的身心健康。联合国教科文组织的一份报告中这样预言："从现在到21世纪中叶，没有任何一种灾难能像心理危机那样带给人们持续而深刻的痛苦。"据有关心理咨询机构统计，青少年学生随着年龄的增长，心理不健康或出现心理障碍的比例呈上升趋势。看来对中学生心理健康的认识和理解应该放在一个相当重要的位置。

那么怎样理解心理健康呢？心理健康是指这样的一种状态，即人对内部环境有安定感，对外部环境能以社会上的任何形式去适应，即使遇到任何障碍和困难，心理都不会失调，应能以适当的行为予以克服，这种安定适应的状态就是心理健康的状态。

心理健康的状态有赖于哪些因素呢？针对这些因素，教育工作者又应当对中学生起怎样的引导作用呢？中学生处于儿童期向少年期过渡的一个阶段，他们处于半成熟、半幼稚趋于成熟又尚未成熟的时期，心理品质发展不平衡：春风得意时有优越感，很自信，遇到困难和挫折时悲观失望；情绪和感情发展不平衡，爱意气用事，人际关系不协调；自我意识、自我实现的观念与认识水平能力存在差异，应提高他们的是非观念。针对中学生以上的特点，笔者对心理健康状态的形成有如下几点理解：

（1）心理健康有赖于健全人格的培养。

一个人格健全的人，应对社会生活环境具有良好的适应能力，能有效地随着环境的变化而变化，能恰当地进行社会交往，合理地处理与周围人的关系，能胜任所担任的工作，从而有效地从事社会活动和劳动。

对于中学生而言应有辨别是非的能力，对于受人欢迎的品行如正直、礼貌、诚实、守信、孝敬、宽容、节约、进取、合作、敬业、慷慨、坦率、责任感、独立性、平等待人等，要学习并力行！对于不端正甚至邪恶的品行要自觉杜绝。对生活要有良好、积极乐观的心态，微笑着对待生活，相信自己一定能行！相信自己潜力无穷！这就要求教育工作者拿起表扬的武器多发现学生的闪光点，增强学生的自信心，对学生和蔼真挚、尊重信任学生，不说讽刺挖苦学生的话，不做伤害学生自尊心的事，特别是不疏远有心理困惑和行为问题的学生，积极创造爱生的氛围。也可开设心理健康教育课堂，提供学生心理咨询服务，让学生有宣泄的空间，还可引导家长协调教育，共同解决学生的心理问题，使学生能正确看待处理学习和生活中遇到的事，用良好的心态面对生活。

（2）心理健康有赖于对信念的执着与追求。

魏特利博士说："人类生命的成功基因就是对信念的执着与追求。"有什么样的目标就有什么样的人生色彩，有什么样的追求，就能达到什么样的人生高度。只要你坚持不懈地追求，你的人生必将卓越。

我国古代的李时珍历经千辛万苦，寻遍千山万水不断发现新的中草药；又聋又盲的海伦·凯勒凭着自己对信念的执着，百折不挠的精神，终成为名垂千史的"与拿破仑齐名的女人"。他们心中有梦想、有追求，他们的执着与追求感染着我们每一位中学生。我们中学生应努力实践、坚韧不拔，对学习不懈地追求，才能硕果累累。

（3）心理健康有赖于正确地对待挫折、失败，学会等待成功，给梦想花开的时间。

约翰·肯尼迪·图尔的小说《笨伯联盟》已被翻译成 18 种语言，发行量超过 1500 万本，于 1981 年获得国际小说界最权威的奖项之一——普利策最佳小说奖。只是遗憾的是，约翰本人永远也不知道他的小说给读者带来的疯狂效应。因为早在 1969 年，他因承受不住出版社一家又一家的拒绝，压抑中结束了自己年仅 32 岁的生命。有一种名为腊兰的花，属于稀有奇花，一棵至少价值万余元，可它在开花前普通得就像一株草，根本没有花的形状，只有当你经过耐心等待，不去盲目地拔掉它，给它足够的时间后，才能开出幽香馥郁的花朵。约翰·肯尼迪·图尔本是一朵罕见的"腊兰花"，遗憾的是他没有坚持到花开的时刻，他错过了美丽绽放的精彩，丢掉了生命璀璨的瞬间。英国思想家卡莱尔说："未曾哭过长夜的人不足以语人生。"苦难和挫折都是人生的必然，正如快乐和幸福是人生的必然一样。教育工作者应提醒学生在成长的过程中有各种失望、苦难和危险，这些东西就是人生航道上的暗礁和险滩，只有自己绕过它们前行或与它们做艰苦卓绝的斗争，才能达到自己的目的。对于梦想，你需要采取步骤去把握、去争取甚至去创造！多给自己一些信心吧，给一朵花盛开的时间，让梦想成真，让人生芬芳！

（4）心理健康教育有赖于懂得拒绝不良诱惑，放弃也是一种收获。

拒绝是一种勇气，拒绝是一种胆量，拒绝是一种智慧，拒绝更是一种良知的觉悟。一个人如果没有了拒绝的能力，就意味着没有了区分善恶是非的能力。在物欲横流的当今，中学生面对黄色录像、网络游戏、赌博甚至吸毒、法轮功等，是否采取了坚决拒绝的态度呢？如果你要活得光明磊落，如果你要活出鲜明的色彩，如果你不想与肮脏和邪恶同流合污，你就必须学会拒绝。

有很多的东西，拥有是一种负担，没有才是一种轻松。有一则寓言说，一位富翁终日闷闷不乐，他遇见一位哼着小曲的挑柴农夫，疑惑地问他为什么如此的开心。农夫听了放下柴，边拍打身上的尘土边说："其实呢，快乐很简单，放下就是快乐。"随即笑声朗朗地踢了踢柴捆，富翁茅塞顿开。作为中学生来说，有些东西说是你的就是你的，不是你的不必勉强。放弃不该拥有的东西，也是一种收获。女孩子们暂且丢下浪费时间的穿衣打扮和无聊的肥皂剧，男孩子们抛开那诱人的漫画书和电脑游戏，放一放那一段遥不可及的"青苹果"之恋，放弃是为了更好的拥有。

（5）心理健康有赖于在学习中一张一弛，松弛有道。

有人说，不会休息的人也不会工作。注意观察你的生命，它有一定的节奏吗？你在学习之后会娱乐放松吗？你在劳心之后会从事体力活动吗？生命中的任何事物绝对不会静止，运动是持续不断而且有一定节奏的，我们必须学习随着生命的节奏摇摆。沙岸随着波涛运动和变化而能够永远不灭，但防沙堤则经常会被冲垮。当你意识到处于信息状态时，就是你的潜意识发挥最大作用的时候；当你的潜意识承担任务而且你的意识被放松占据的时候，就是出现真正鼓舞作用的时候。当阿基米德在努力寻求解决两个物体相对变量的复杂问题的时候，始终找不到解答，但当他决定放松自己并泡一下澡时，他的潜意识便被浴盆中的热水激发出来。他立刻从浴盆中跳出来，并大声欢呼着："我找到答案了！"我们从阿基米德身上找到了问题的答案了吗？我们一定在学习之余给思想休息的机会！如果身体一直处于一种被刺激的状态，心理就可能因为紧张而失调。一张一弛才是学习之道。

联合国教科文组织曾提出一个响亮的口号："健康的一半是心理！"健壮的体格可以抵御各种躯体致病因素的侵袭，健全的人格又可以抵御各种心理致病因素的侵袭；健壮的体格要靠坚持不断的锻炼，健全的人格要靠在生活实践中不断的培养和陶冶，两方面都做到了，才能达到真正的身心健康。教育工作者要竭尽全力真正使学生成为 21 世纪健康的合格人才。

知识经济时代下中学数学教育的目标

摘要： 教育目标是教育工作的根本，是教育活动的行动指南。加深对中学数学教育目标的理解，对于提高数学教育质量具有重要的作用。中学数学教师要不断加深对教育理论的理解，同时要加深对中学数学教育目标的理解，通过中学数学教育目标指导自身的教学行为，提高中学数学教育的质量，做一个高素质的中学数学教师。伴随着新课改的发展，中学数学的教育目标也在发生改变，中学数学教师应当不断地完善自身的能力，通过对变化中的教育目标的了解，改变自己的教学方式和教育模式，适应教育发展的时代要求，这对于中学数学教育质量的提高具有重要的作用。本文通过分析知识经济时代下数学的发展状况，指出知识经济时代下对于高数学素质人才的迫切需求，最终提出知识经济时代下中学数学教育的目标，期望为中学数学教育的发展提供借鉴的意义。

关键词：中学数学，知识经济时代，教育目标，教师，学生

伴随着新课改的发展，我国的教育改革不断深化，先进的教育理念和教育方法影响着教师的教学行为。知识经济时代下，教育的目标也在不断发展，中学教师要重新思考数学教育的目标，加深对中学数学教育目标的认识，提高自身的思想和境界，只有这样才能把握正确的教育方向。目前，我国中学数学教师有的并没有真正地理解教育目标的内涵，在教育活动中也很少践行新的教育理念，在教学方法上依然沿用传统的方法，教师的教育思想没有得到根本的转变。中学数学教师要抛弃原有的重认知轻能力的教育理念，要将系统的知识教育作为数学教育的根本目标，重视学生的能动性，不断完善学生的综合素质。本文的研究重点是知识经济时代下中学数学教育的目标，中学数学教师要在掌握数学教学理论的基础上，关注教育目标的根本，通过教育目标的指导，不断提高数学教学的质量，促进中学生的全面发展。

一、知识经济时代下的数学

伴随着经济的发展，人类的生产方式在不断发展，在经过了农业经济和工业经济后，人类社会正式迎来了知识经济的时代，这是人类社会的又一重大发展。21世纪是知识经济的时代，知识经济下人才具有不可替代的重要作用。数学人才的发展需要与时俱进，紧跟时代发展的步伐，对于数学的研究也需要与时俱进，不能一直沿用传统的研究理论和教学方法，因此需要重新了解知识经济时代下的数学，深入分析计算机工具出现后所赋予数学的更加深厚的内涵。

知识经济时代下的数学主要有以下几方面的内涵：一是知识经济时代下的数学具有了科学性的方法论特性。伴随着科技的不断发展，计算机技术已经深入到人们生活的方方面面，学生在课堂教学中不但可以了解计算机的应用方法，同时还可以通过计算机的方法学习数学，这种科学性的学习和研究方法影响着学生今后的发展。二是知识经济时代下的数学更加具有客观技术性。数学的公式、概念、理论和方法等都是人类社会智慧的结晶，是人类社会对客观世界不断探索的结果，无论日常生活中的服装、发型，工业中的计算机模型，战争中的武器，还是宇宙中的飞行器等，这些都反映了数学的科

学性和技术性。三是知识经济时代下数学更加具有数学化的特点，主要是指数学是对客观世界数学化的表现，数学的研究是一个循环的过程，这个过程正是数学化的过程，学生学习数学需要培养数学化的能力，这有助于提高学生对数学的理解和应用。

　　总而言之，数学具有量的特性，数学是对客观世界量的反映。客观世界的任何事物都具有量的特性，因此，数学适用于任何事物的发展，同时数学也适用于任何学科的发展，任何学科的完善都是建立在数学工具的基础上，特别是一些高科技领域中的新兴技术，都体现了对数学量的特性的使用。

二、知识经济时代下需要高数学素质的人才

　　知识经济时代下，人们越来越意识到数学的重要性，同时也对数学人才更加重视。因此，在进行数学教育时，要与时俱进不断地培养具有高数学素质的综合性人才。教师在数学教育中起到重要的引导作用，要意识到每个学生都应当学习数学，并且应当学好数学，要深刻认识到数学教育的根本目标，并从根本上转变数学教育的理念。我国数学是从小学一直到大学都具有的课程，这也印证了数学学科的重要性。目前是知识经济的时代，人才是知识经济时代发展的重要因素，各国在培养优秀劳动者的同时，还需要着重培养具有高素质的科学技术和管理人才，只有这样才能在世界中保持竞争力。因此，我国要不断地提高国民的综合素质，其中国民的数学素质是国民素质的核心，影响着国民的整体素质。伴随着社会的不断发展，社会更加需要能够与时俱进具有高数学素质的人才，这是国家竞争力的关键。

　　知识经济时代下国民应当具有的数学素质主要包括以下几方面：一是要具备数学交流的能力。数学量的特性，使得数学在应用上具有一定的广泛性，目前，数学的应用已经遍布社会的各个部门，因此，数学是现代社会交流不可缺少的工具之一，知识经济时代下的高素质人才要具备良好的数学交流能力。二是要具备数学应用的能力。知识经济时代下培养数学的能力，首先要树立数学应用的意识，要做到学以致用，敢于将数学知识应用到实际生活和工作中，提高处理问题的能力。数学的探索精神是社会发展的动力，体现了数学的应用价值。三是要具备解决实际问题的能力，也就是说要培养用数学的模型和方法来解决生活中实际问题的能力，通过运用数学的思维模式，创造性地解决问题。四是要掌握数学的思想方法，这主要是指知识经济时代下需要具有数学头脑的人才，需要国民培养数学思想和数学方法。

　　总而言之，数学不仅仅是解决问题的方法，而且体现了国民的文化素质。

因此在数学教育中，不单单要教育学生数学的相关知识，同时还要培养学生的数学素养。在知识经济时代下，国民数学素质的培养是全民性的，不仅要培养普通劳动者的数学素质，提高他们数学运算能力和应用数学分析解决问题的能力，还要培养一批具有高数学素质的人才，适应时代和社会发展的需要，促进社会经济和科技的不断进步。

三、知识经济时代下中学数学教育的目标

（1）培养学生的数学知识素养。

知识经济时代下中学数学教育要以培养学生的数学知识素养为根本目标。中学数学教育不仅仅是对中学生数学知识的教育，更是对中学生进行数学知识素养的教育。因此，在中学数学课堂中，要培养学生掌握基本的代数和几何知识，同时要培养学生的数学思维，培养学生在日常生活中的数学基本能力和数学思维方式。既要不断地扩大学生的知识层面，又要不断地提高学生的哲学思维，强化数学方法和思维的教育，培养学生熟练的应用能力。培养学生的知识素养，要摒弃传统的单一数学知识的教育方法，要将数学知识融入到知识结构中，把握重点环节和关键要点，为学生展现一个完整的知识体系，只有这样才能培养出具有全面数学知识结构的人才，才能在激烈的现代竞争中处于不败之地。

（2）培养学生的数学能力素养。

如何培养学生的数学能力？这个问题一直是数学教育和数学科研的重点。对学生进行数学能力素养的培养，是一种高级的智能培养，最终目标是为了提高学生的逻辑思维能力、自学能力和创造能力，从而实现学生灵活运用数学知识分析和解决问题的目标。伴随着知识经济时代的到来，人们的数学能力素养需要不断提高，只有这样才能适应社会的不断发展。长期以来我国中学数学教育往往缺少对中学生能力素养的培养，传统的复习和模拟考试的方法衍生出了题海战术，这种学习方法不利于数学思想的培养，不利于学生创造性思维的培养。因此，需要摒弃传统的数学教育方法，通过提高学生的主动性，培养学生自主运用数学方法解决问题的能力，并通过自身的探索和研究，综合性、全面性地运用数学知识，同时通过开展课外活动，营造学生善于思考的良好学风。

（3）培养学生的数学品质。

数学品质素养是数学与品质的结合，它是学生学习、生活、工作不可或缺的精神特征。知识经济时代下培养学生的数学品质具有重要的意义，它是

学生知识素养和能力素养的依托，对学生数学能力的发展具有重要的作用。因此，中学数学教育要将培养学生的数学品质作为教育工作的重点目标。一方面，教师要结合数学知识，将数学品质的培养与数学知识的传授相结合，为学生营造良好的学习氛围；另一方面要在教授学生数学概念、理论和方法的基础上，结合一些数学发展的历史和数学家发展的历程，通过文化的熏陶培养学生的数学品质。同时，教师要成为学生学习的榜样，通过不断的学习和研究，不断地提高教师自身的综合素质。

（4）培养学生的创造性。

知识经济时代下的人才需要具有创新精神和开拓精神，这是人类社会发展的不竭动力。中学数学教育需要培养学生的创造性，提高学生的综合素质。知识经济时代下培养学生创造性的目标主要有以下几方面：一是要提高学生的学习兴趣，在中学数学课堂教学中，将数学科学知识的发现和发展过程展现出来，激发学生探索的欲望，提高学生学习的兴趣；二是要培养学生的数学观念，培养学生用数学的思维发现问题、解决问题的能力；三是要培养学生解决开放性问题的能力，通过在现实生活中对数学知识的应用获得数学意识的启发；四是要改革传统的测试评估方法，采用具有生动性和现实性的数学测试评估方法，以便更好地激励学生学习。

参 考 文 献

[1] 刘飞．新形势下的中学数学教育 [J].科学咨询（科技·管理），2017(5).

[2] 李富旺，吴育琪．教师在中学数学教育改革中的角色 [J].教育教学论坛，2013(20).

[3] 马廷强，丁九桃，宋爱苹．基于高职应用数学与中学数学教育衔接因素的对策研究（一）
　　—— 教材内容因素 [J].中小企业管理与科技（下旬刊），2013(3).

[4] 杨彦炯，许春根，苏敬蕊．大学数学与中学数学教育的衔接性研究 [J].当代教育理论与
　　实践，2012(7).

[5] 王丽莹．对中学数学教育改革的思考 [J].中国校外教育，2012(19).

中学数学教育的发展原则和策略

摘要： 伴随着教育的不断发展，人们越来越意识到素质教育的重要性，中学数学教育也需要适应时代发展的步伐，由传统的应试教育向素质教育发展。中学数学教育是教学的重要阶段，具有承上启下的重要作用。因此中学数学教育要在践行教育目标和教育任务的同时，分析中学数学教育的教育规律和教育特点，不断提高中学数学教师的整体素质水平和中学生的综合素质水平。同时，要注意中学数学教育功能的转变，要改变传统单一传授数学知识的功能，增加培养学生创新思维的功能，促进中学学生全面发展。本文通过分析目前中学数学教育的发展现状，指出中学数学教育的教育原则，并最终提出中学数学教育的发展策略，期望为我国中学数学教育的发展提供借鉴的意义。

关键词： 中学数学，教育原则，教育策略

中学数学教育是教学的重要阶段，具有承上启下的重要作用。但是，目前大多数学校为了追求升学率，忽视了教育的全面性，中学数学教育发展为应试教育，学校的教学内容以提高分数为标准，这样的教育不仅忽视教学的规律和教育的原则，同时也对中学的师生造成了沉重的负担，中学数学教育无法培养出全面的数学人才，学生通过死记硬背的方式学习，无法获得创新的意识。伴随着新课程标准的实行，我国的教育形式发生了重大的转变，传统的中学数学应试教育已经无法适应社会的发展，因此中学数学教育要在践行教育目标和教育任务的同时，分析中学数学教育的教育规律和教育特点，不断地提高中学数学教师的整体素质水平和中学生的综合素质水平。中学数学教育要适应新课改的发展要求，将中学数学基础教育发展为素质教育，在提高中学生知识储备量的基础上，促进学生全面健康可持续的发展。

一、中学数学教育的发展现状

中学数学教育包含两个重要的主体，一是数学教育的教授方，即数学教师，二是数学教育的学习方，即中学生。中学数学教育需要既重视教师的综合素质，又要注重学生的主体性。我国中学生在学习数学的过程中存在一定的缺陷，这些问题影响着中学生学习数学的效率，不利于中学生数学兴趣的培养。目前我国中学数学教育的发展存在以下几方面的问题：一是中学生的阅读能力普遍较差，中学生由于刚刚由小学升入中学，在阅读上往往还保有

小学的阅读方式，对于阅读内容的理解能力较差，因此不利于数学学习的应用。二是中学生的听课效率较低，这主要是由于中学生听课的方法不对造成的。中学生没有养成课前预习的习惯，因此在上课时无法抓住重点，加之数学课堂中容易精力分散，造成许多知识点不清晰，影响了中学生学习数学的积极性。三是中学生的思维具有一定的局限性，虽然中学生大多数比较爱动脑，但是由于中学生年龄比较小，生活阅历少，思维往往具有一定的限制，缺乏逻辑性和变通性。四是中学生的记忆方法单一，大多数中学生都是采用死记硬背的记忆方式，这种记忆方式不利于对数学概念、公式的记忆，同时也不利于数学公式的灵活应用。中学数学教育急需改变传统的应试教育模式，通过素质教育的模式提高学生的综合素质。

二、中学数学教育的原则

中学数学是一门集合了抽象性、严谨性、广泛性及明确性等特点的学科。因此，在进行中学数学教学时应当充分地结合它的特点，一方面要重视数学教学的规律，另一方面要重视学生的主体性。中学数学教育主要应当遵循以下几方面的原则：

（1）个性的原则。中学数学教育有一定的共性，都是需要教育学生学习数学知识，包括概念、公式、理论、方法等。但是需要注意的是，由于中学生个体是具有一定差异性的，因此，中学数学教育不可以针对所有学生采用同一种教育方法，需要根据中学生自身学习基础、理解能力的不同，有针对性地开展分类教学，采用个别指导的方式，促进所有学生数学能力的全面提高。

（2）民主性原则。中学数学教学的民主性原则，主要是指要在中学数学课堂中营造一种自由放松的环境。一方面，教师要起到引导的作用，教师要引导学生积极参与课堂教学，同时教师要尊重学生的个性；另一方面，学生要提高学习的积极性，要充分发挥自身的民主性，敢于大胆想象，大胆发言，激发自身的创新能力和创造性思维。

（3）激励性原则。中学数学教师要运用好激励的方式，充分激发学生学习的积极性，获得学习的动力。中学数学教师要在课堂中鼓励学生自评和他评，多给予学生正面的评价，多肯定学生的成就，促进中学生的反思，提高中学生的思维能力。

（4）渐进的原则。中学数学教学不是一蹴而就的事，中学数学教师要根据中学生的知识储备和学习能力，由浅入深、由易到难分阶段地进行教学，只有这样才能逐步提高中学生的知识储备和能力。

（5）发展性原则。中学数学教育是教学的重要阶段，具有承上启下的重要作用。中学数学教育中学生学习的知识为以后学习发展奠定了重要的基础。我国新课程标准中明确提出学生终身发展的重要性，因此，中学数学教育要遵循发展性的原则，为学生未来的发展奠定坚实的基础。

三、中学数学教育的发展策略

（1）提高中学数学教师的综合素质。

首先，要提高教师的师德。中学数学教育由传统的应试教育转变为素质教育，需要提高教师的综合素质。良好的师德是教师必要的素质之一，中学教师要具有积极的政治方向和崇高的敬业精神，要做一个自我奉献的教师。其次，要提高教师的能力。提高中学数学教师的综合素质需要全面提高教师的能力，一方面，要不断完善教师自身的知识结构，要不断加深数学专业知识的理解，同时要拓展自身的知识层面，要不断学习教育学和分析学等新学科的知识，用强大的教学方法和教学思维武装自己；另一方面，要不断提高教师的能力素质，包括教育能力、自学能力和科研能力等。最后，要提高教师的身心素质。身体是工作的本钱，中学数学教师只有拥有良好的身体和心理素质才能全身心地投入到教育事业中。因此，中学数学教师要保持良好的身体素质，同时要具有健康的心理素质，积极引导中学生提高自己的身心素质，培养多元化全面发展的人才。

（2）提高中学生的综合素质。

首先，要加强对中学生思想品德的教育。我国数学的发展历史悠久，具有深厚的文化底蕴，中学数学教育要在教育知识的同时，寻找素材渗入爱国主义的教育，增加学生的民族自豪感，培养学生的良好品德。其次，要加强对中学生辩证唯物主义观点的引导，中学数学本身是一门具有辩证唯物主义思维的学科，在数学教育中加强对学生辩证唯物主义观点的引导，有利于学生形成正确的世界观，培养学生辩证的思维模式和科学的思维方式。最后，要培养学生的应用能力。中学生不仅要掌握数学知识，更要学会学以致用，锻炼自身解决问题的能力。

（3）提高教师与学生的配合能力。

中学数学素质教育的发展需要充分调动教师和学生的积极性。一方面，教师要制定科学的教学目标，要深入地分析学生的发展实际情况，根据学生学习的程度，制定由简到繁、由浅入深的教学目标，提高学生的积极性；另一方面，教师要改变传统的课堂教育模式，让学生充分发挥自身的能动性，要引导学生找到学习的兴趣点，激发学生的求知欲，要引导学生掌握正确的学习方法，并让学生学会自我思考、自我分析，最终实现教学相长、师生合力的教育模式。

参 考 文 献

[1] 雷东林. 论中学数学教学中素质教育的渗透 [J]. 中国教育技术装备，2014(5).

[2] 柴和. 浅析中学数学教学的逻辑特点及解题思维路径 [J]. 科技创新导报，2015(11).

[3] 杨利垚，姜淑珍. 大学数学教育与中学数学教育衔接 [J]. 北方文学（下半月），2011(7).

[4] 郝田军. 中学数学教育中创新能力的培养途径研究 [J]. 中国校外教育，2009(53).

[5] 林宁，王渊. 知识观的转化及其对中学数学教育的启示 [J]. 当代教育论坛，2005(22).

尾 声

种树者必培其根，种德者必养其心。

—— （明）王阳明

就如同树的根基好，抽出的枝条、结出的果子就是好的。修养好本心，那么一定会有美好的德行。浇树浇根，育人育心。

用爱温暖一段时光，用心静待一树花开，用淡淡墨香，承诺一世淡泊，树下，是我默默地守候。